Einen weichen Euro wird es mit mir nicht geben.
Theo Waigel, Bundesfinanzminister

Ein harter Euro kann nicht aus einem weichen Keks kommen.
Dieter Hildebrandt, Kabarettist

Dieter Hanitzsch (Hrsg.)

EUR 1 SPOTT

Die Währungsunion in der
europäischen Karikatur

Hugendubel

Wie immer für Mercedes und Stefan

Ohne die tatkräftige Unterstützung durch meine Frau Mercedes und meinen Freund Dr. Rolf Cyriax, auf dessen profunde Sachkunde ich besonders angewiesen war, wäre »Eurospott« nicht zu machen gewesen. Dafür danke ich beiden. In meinen Dank einschließen möchte ich aber auch die vielen Karikaturisten aus den 15 EU-Ländern, die gerne mit ihren Zeichnungen zu diesem Buch und der gleichnamigen Ausstellung beigetragen haben und die damit die eigentlichen »Hauptdarsteller« dieses Buches sind.

Dieter Hanitzsch

Die Deutsche Bibliothek – CIP-Einheitsaufnahme
Eurospott : die Währungsunion in der europäischen Karikatur / Dieter Hanitzsch (Hrsg.). – München : Hugendubel, 1998
    ISBN 3-88034-985-1

© Heinrich Hugendubel Verlag, München 1998
Alle Rechte vorbehalten
Lektorat: Barbara Imgrund, München
Umschlaggestaltung: Dieter Hanitzsch, München, unter Verwendung von Motiven von Pancho und Dieter Hanitzsch
Abbildung S. 3: Reiner Schwalme
Produktion: Tillmann Roeder, München
Gesamtherstellung: Kösel, Kempten
Printed in Germany

ISBN 3-88034-985-1

Inhalt

Vorwort	6
EUROGedanken	7
EUROOptimismus	17
EUROSkepsis	31
EUROAngst	49
EUROLust	61
EUROFrust	69
EUROTricks	91
EUROWucht	115
EUROVisionen	131
Die Zeichner	157

Vorwort

Die Einführung der europäischen Währungseinheit »Euro« nimmt naturgemäß in den Beratungsgesprächen der Kreditinstitute mit ihren Kunden einen großen Raum ein. Ängste, Erwartungen und Anlageentscheidungen richten sich danach, wie die DM-Nachfolgewährung beurteilt wird.

Es war deshalb sehr reizvoll, die Idee von Dieter Hanitzsch zu unterstützen und damit zu realisieren, einen Blick in die Zeitungen der Länder der europäischen Union zu werfen. Wir wollten sehen, wie europäische Karikaturisten sich mit der neuen Währung auseinandersetzen. Daraus entstand eine Ausstellung, die wir am 24. November 1997 in der Kreissparkasse München eröffnen konnten, und dieses Buch. Herr Maier-Mannhart, der Leitende Wirtschaftsredakteur der Süddeutschen Zeitung, hat sich journalistisch mit dem Thema auf den folgenden Seiten auseinandergesetzt. Ich glaube, daß wir mit diesem Überblick eine gute Auswahl getroffen haben.

Wenn man auf die Reichsgründung von 1871 zurückblickt, fallen wesentliche Unterschiede zur jetzigen Situation auf:

Eine Zentralnotenbank gab es damals noch nicht; im Gegensatz dazu ist die Europäische Zentralbank beschlossen und in ihrer Aufgabe und ihrer Unabhängigkeit genau festgelegt. Die Einzelinteressen auf währungspolitischem Gebiet der deutschen Länder wurden erst langsam dem Gemeinschaftsinteresse geopfert. Im Vergleich dazu hat der Vertrag von Maastricht den Ablauf der Einführung der Währungsunion genau festgelegt, so daß mit der Einführung des »Euro« kein Teilnehmerland mehr eine eigenständige Geldpolitik betreiben kann.

Dieses Buch präsentiert auf unterhaltsame Art ein Thema, das sehr emotional belastet ist, hohe Erwartungen weckt, aber auch große Chancen bietet. Dabei sehen wir auch, in welcher großartigen Professionalität und souveränem Können in anderen Ländern Karikaturen gezeichnet werden. Ich wünsche viel Spaß beim Lesen und Schauen.

München im November 1997

Karl Ludwig Kamprath
Vorstandsvorsitzender
der Kreissparkasse München

EUROGedanken

von Helmut Maier-Mannhart

Dies ist die Geschichte eines Experiments, wie es die Welt noch nicht erlebt hat. Es beginnt mit aller Wahrscheinlichkeit am 1. Januar 1999 und endet – ja wann? Voraussichtlich dann, wenn die Beteiligten feststellen, daß die Ergebnisse zu ihrer Zufriedenheit ausgefallen sind und daß sie fürderhin mit ihnen leben können. Nicht auszuschließen ist freilich, daß der Großversuch irgendwann einmal abgebrochen wird, weil sich die Dinge anders entwickeln, als die Initiatoren gehofft hatten. Was dann passiert, das wagt allerdings heute niemand vorherzusagen.

Nico Visscher, Niederlande

Für wen dies alles reichlich vage klingt, der sollte sich vergegenwärtigen, daß es auch Anfang 1998 leider keine exaktere Zustandsbeschreibung für das gibt, was in Europa mit dem Jahresbeginn 1999 Wirklichkeit werden soll, nämlich eine Währungsunion. Mit dem Neujahrstag hören die Währungen der Teilnehmer dann faktisch auf zu existieren, auch wenn sie als Zahlungsmittel noch für eine Übergangszeit von zwei Jahren akzeptiert werden. An ihre Stelle tritt der Euro, zunächst nur als gemeinsame Verrechnungseinheit, später aber dann in Form von Geldscheinen und Münzen. Spätestens dann hat die Stunde für die Deutsche Mark geschlagen: Sie verschwindet aus den Portemonnaies und Registrierkassen auf Nimmerwiedersehen.

Soweit der Plan, entworfen und fixiert im Dezember 1991 im holländischen Maastricht, wo die 15 Staats- und Regierungschefs der Europäischen Union übereingekommen sind, einen gemeinsamen Währungsraum zu schaffen. Wer freilich dort einziehen darf, haben sie bewußt offengelassen. Denn nicht Größe oder Ansehen entscheiden darüber, sondern die Frage, ob die Kandidaten eine der Geldwertstabilität verpflichtete Wirtschafts- und Finanzpolitik betreiben. Zu diesem Zweck haben sie Kriterien entwickelt, an denen sich die guten oder schlechten Absichten messen lassen. Wer sie erfüllt, ist drin, wer nicht, der muß ins Wartezimmer und sich weiter um Qualifikation bemühen.

Das alles klingt ganz rational und einfach. Und doch hat sowohl das Verfahren, noch mehr aber das gesamte Projekt Währungsunion in unserem Land Meinungsgräben aufgerissen und für politischen Sprengstoff gesorgt. Denn es hat sich herausgestellt, daß die Schaffung einer Währungsunion in Europa eben viel, viel mehr ist als ein technisch-monetärer Vorgang, bei dem lediglich Geldscheine und Münzen ausgetauscht werden. Sie tangiert das Selbstverständnis eines Volkes, das sich in den vergangenen Jahrzehnten wie kein anderes mit seiner Währung identifiziert hat. Die D-Mark ist zum

Symbol für deutsche Tüchtigkeit und Fleiß geworden, mit der D-Mark haben wir Deutschen die Welt erobert, diesmal gottlob nur als Wirtschaftssubjekte oder Touristen. Niemand in der Völkergemeinschaft hat uns auf dem Hintergrund unserer Vergangenheit so richtig lieb, aber mit der D-Mark haben wir uns überall Achtung und Respekt erkauft. Das Wirtschaftswunder, das gerade angesichts unserer nicht sehr berauschenden Gegenwart verklärende Züge bekommt, ist eng mit der D-Mark verknüpft. Sie ist im Lauf ihrer erfolgreichen Karriere zur zweitwichtigsten Reservewährung nach dem amerikanischen Dollar aufgestiegen, und wenn es zu Währungskrisen kommt, dann flüchten Anleger in die D-Mark, die sie als Hort der Stabilität und des Werterhalts schätzen.

Und diese D-Mark soll es also demnächst nicht mehr geben. Sie soll dem Euro weichen, jenem unbekannten Wesen Brüsseler Ursprungs, das ein bayerischer Weltpolitiker einmal »Esperanto-Geld« genannt hat. Dies zeigt deutlich, wie verachtungswürdig der Währungstausch von seinen Gegnern empfunden wird. Ebenso, wie Esperanto eine Sprache ist, die keine Wurzeln hat, ein Kunstgebilde ohne historischen und kulturellen Hintergrund, so ist der Euro in den Augen seiner schärfsten Kritiker ein Wechselbalg, den man nicht einmal mit spitzen Fingern anfassen sollte.

Da sich lange Zeit die Diskussion über die Europäische Währungsunion auf dieser Ebene abspielte, da zudem immer wieder Ängste um die Ersparnisse, die Renten, die Löhne und vieles mehr geschürt wurden,

Pepsch Gottscheber, Deutschland

ist es kein Wunder, daß heute die Skepsis nur allzu verbreitet ist. Würde das Schicksal des Euro mittels eines Volksentscheides geklärt, so hätten die Gegner wohl die Oberhand. Karikaturisten drücken dies so trefflich in der ihnen eigenen Sprache aus, wie jener Zeichner, der die drei Parteien um den Euro werben läßt, derweil sich der deutsche Michel die Ohren zuhält und seine D-Mark auf dem Schlitten hinter sich herzieht.

Das Problem, vor das sich Befürworter wie Zweifler an der Europäischen Währungsunion gestellt sehen, ist das Fehlen jeglicher historischer Erfahrung. Noch nie in der Menschheitsgeschichte haben politisch selbständige Staaten beschlossen, ihre Währungen zu einer einzigen zu verschmelzen. Stets ist einem solchen Unterfangen erst der politische Einigungsprozeß vorausgegangen. So auch, als im Jahr 1873 das Reichsmünzgesetz die bis dahin gültigen Währungen der deutschen Staaten innerhalb einer Frist von fünf Jahren ablöste und die Mark als einziges Zahlungsmittel in Kraft setzte. Zwei Jahre zuvor fand, wie allseits bekannt, die Reichsgründung in Versailles statt, womit der Rahmen für eine einheitliche Politik im gesamten Reichs- und damit Währungsgebiet geschaffen worden war.

So ähnlich hätten es auch die Befürworter einer Verschiebung des Euro gern, wenngleich sie wiederum, wie Bayerns Ministerpräsident Edmund Stoiber, freilich ein engeres Zusammenrücken gar in Richtung Bundesstaat weit von sich weisen. Als Vertreter der sogenannten Krönungstheorie meinen sie jedoch, daß die Zeit für den Euro erst dann reif ist, wenn die politische Union vollendet ist, wenn eine einheitliche Wirtschafts- und Finanzpolitik, eine gemeinsame Sicherheits- und Außenpolitik installiert ist und dann der Euro einer Krone gleich dem Staatenbund aufgesetzt wird.

Eine schöne Vorstellung, aber leider höchst unrealistisch. Denn wer dies alles erst in trockenen Tüchern haben wollte, der bläst dem Projekt Währungsunion das Licht aus. Eine so weitgehende Politik-Harmonisierung wird es so schnell nicht geben, dazu ist die Bedachtsamkeit darauf, soviel wie möglich an Befugnissen im nationalen Rahmen zu behalten, zu ausgeprägt und überdies die Besorgnis hinsichtlich des daraus erwachsenden Brüsseler Zentralismus zu groß. Die Integration von Politikbereichen geht nur in kleinsten Schritten voran, oftmals gar nach dem Muster der Echternacher Springprozession – ein Schritt vor, zwei zurück. Dieses Faktum dient denjenigen, die den ganzen Euro-Plan am liebsten in den Marianen-Graben versenken würden, als Beleg dafür, daß eine so inhomogene und mitunter auch heftig streitende Truppe nicht reif ist für eine gemeinsame Währung.

Dabei freilich gerät leicht außer acht, was bereits alles passiert ist, vor allem auf ökonomischem Gebiet. Denn schließlich ist da – auch dies unter heftigen Geburtswehen – nicht mehr und nicht weniger entstanden als ein gemeinsamer Binnenmarkt, auf dem sich Menschen, Güter, Dienstleistung und Kapital diskriminierungsfrei bewegen können. Und dieser Binnenmarkt funktioniert, obwohl es in dieser Form zuvor auch nichts Vergleichbares gegeben hatte.

Wer also geltend machen wollte, die Währungsunion sei noch nicht genügend unterfüttert, der sollte zumindest zur Kenntnis nehmen, daß es den grenzenlosen Binnenmarkt gibt. Und dieser Binnenmarkt verlangt nach einer gemeinsamen Währung, weil er zwar vorübergehend auch mit dem Nebeneinander von D-Mark, Franc, Lira, Peseta usw. bestehen kann, nicht aber auf Dauer. Jede Währungskrise in Europa ist eine potentielle Gefahr für den Binnenmarkt, denn Auf- und Abwertungen belasten die Freizügigkeit und tragen damit den Keim der Desintegration in sich. Am deutlichsten ist diese Tendenz auf dem Agrarmarkt zu beobachten, wo Währungsveränderungen stets zu höchst schwierigen und mit großen Diskussionen und Dissonanzen verbundenen Ausgleichsmaßnahmen führen. Es gibt eine wunderschöne Karikatur in diesem Buch, die dem in Großbritannien erscheinenden »Economist« entnommen ist. Sie zeigt einen europäischen Bautrupp an einer noch unfertigen Gleisstrecke arbeiten, während die Europäische Währungsunion in Form eines Expreßzugs bereits heranrast. Dies gibt so ganz und gar die Stimmungslage wieder, in der sich viele Menschen in

Europa und nicht nur in Deutschland befinden. Hier hat auch die Diskussion über die Verschiebung des Euro-Einführungsdatums ihren Ursprung, nach dem Motto: Laßt uns das europäische Haus erst fertigbauen, ehe wir den Euro adoptieren.

Die Argumente, die dafür ins Feld geführt werden, klingen häufig ökonomisch, sind aber oftmals politisch motiviert, freilich ohne daß dies auf den ersten Blick erkennbar wäre. Überhaupt erschwert die Durchmengung von Wirtschaft und Politik in dieser Frage den Meinungsbildungsprozeß ganz erheblich. Zum einen muß die Einführung des Euro und die Mitgliedschaft im Club rein nach ökonomischen Kriterien entschieden werden, so wie es der Vertrag von Maastricht erfordert. Es sind dies die bekannten zwei Verschuldenskriterien (Netto-Neuverschuldung nicht mehr als drei Prozent, Schuldenstand eines Landes nicht höher als 60 Prozent), das Preis- und Zinskriterium und schließlich noch die Forderung, über bestimmte Zeit hinweg spannungsfrei an dem Europäischen Währungssystem teilgenommen zu haben.

Zum anderen gibt es aber auch unabweisbare politische Interessen, die Einigung Europas über eine Währungsunion voranzutreiben und sie damit der Unumkehrbarkeit ein Stück näherzubringen. In diesem Spannungsfeld steht nun beispielsweise unser Bundeskanzler in dem Verdacht, die Politik über die Ökonomie stellen zu wollen, das heißt, die Währungsunion herbeizwingen zu wollen, auch wenn die Voraussetzungen dafür noch nicht vorhanden sind. Er betrachtet es als historischen Auftrag, die Einigung Europas voranzutreiben, damit Europa niemals wieder in eine Lage gerät wie schon zweimal in diesem Jahrhundert. Und dazu eignet sich – nicht nur nach Kohls Ansicht – vor allem die Einführung der Währungsunion.

Diese Vermengung wirtschaftlicher und politischer Argumente macht es dem Bürger so schwer, sich eine Meinung bilden zu können. Deshalb ist es nicht verkehrt, sich noch einmal den ökonomischen Rahmen der Europäischen Währungsunion vor Augen zu führen, wie er im Vertrag von Maastricht gezimmert worden ist. Seine wichtigsten Bestandteile sind die schon erwähnten Kriterien, die über den Eintritt in den Euro-Club entscheiden. Ferner der vor allem auf das deutsche Betreiben hin formulierte Stabilitätsaspekt, der sicherstellen soll, daß die fiskalpolitische Disziplin der Mitglieder nach dem Lösen der Eintrittskarte nicht erlahmt. Er sieht vor, daß ein Mitgliedsland, das ein höheres Defizit in seinem öffentlichen Haushalt ausweist als die im Maastrichter Vertrag bezifferten drei Prozent, eine Strafabgabe bei der Europäischen Zentralbank hinterlegen muß. Ausnahmen sind nur dann vorgesehen, wenn eine Rezession oder eine Naturkatastrophe die Einhaltung des Defizitkriteriums unmöglich macht. Bringt dieses Land seinen Haushalt wieder in Ordnung, erhält es das Geld zurück, geschieht dies nicht, ist die Einlage verloren. Die wichtigste Institution in der Währungsunion aber ist die Europäische Zentralbank (EZB), die für die Geld- und Kreditpolitik im Euro-Raum verantwortlich ist. Ihr fällt die Schlüsselrolle dabei zu, ob der Euro eine harte Währung sein wird oder ob es sich um einen Schwächling handelt, von innen her angefressen durch hohe Inflationsraten und von außen belegt mit dem Hautgout einer Weichwährung, die zur Abwertung neigt. So, wie die Rolle der Europäischen Zentralbank festgeschrieben ist, wird sie zum Paradestück der Währungsunion. Konzipiert nach dem Vorbild der Deutschen Bundesbank, ist diese geldpolitische Institution völlig unabhängig von politischen Einflüssen, nur der Sache verpflichtet, die da lautet: Die Geldversorgung der Euro-Gemeinschaft ist ausschließlich an den Erfordernissen der Geldwertstabilität auszurichten. Diese Souveränität der Notenbank ist der Schlüssel für die Qualität des Euro; sie ist es auch, die vor allem anderen die Glaubwürdigkeit einer an Stabilitätsgesichtspunkten ausgerichteten Politik in der Währungsunion sichert.

Angesichts der finanz- und geldpolitischen Grundausstattung dürfte eigentlich nichts schiefgehen, so sollte man meinen. Nichts ist so fein gesponnen, als daß es nicht umgangen werden könnte, so argumentieren dagegen die Euro-Skeptiker. Für sie stehen die im

The Economist, London

Stabilitätspakt vorgesehenen Sanktionen und damit ihre abschreckende Wirkung nur auf dem Papier. Ihnen fehlt schon der Glaube allein an den Willen der Euro-Mitglieder, eine stabilitätsorientierte Finanzpolitik betreiben zu wollen. Und wenn es dann an die fälligen Sanktionen geht, dann halten sie das Team der Verweigerer für viel zu stark, als daß man sie gegen ihr Votum durchsetzen könnte. Was die Rolle der Zentralbank anbelangt, so sehen sie ein politisches Szenario voraus, in dem der Druck auf die Hüterin des Geldwertes von verschiedenen Seiten so groß werden könnte, daß sich diese zum Ausweichen vom Pfad der Tugend genötigt sieht und eine Politik des leichten Geldes betreibt, um so den Wünschen nach einer geldmengen-unterstützten Beschäftigungspolitik nachkommen zu können.

Bestärkt sehen sich Kassandras Jünger in den Ungereimtheiten, die sich in der Vorbereitungsphase der Währungsunion eingeschlichen haben. In dem Bemühen, vor allem das Maastricht-Defizitkriterium zu erfüllen, hat es einige absonderliche Dinge gegeben. In Italien beispielsweise hat die Regierung eine Sondersteuer eingeführt, die im Referenzjahr 1997, das maßgeblich ist für die Erfüllung der Teilnahmebedingungen, erhoben, später aber wieder an die Bürger zurückgezahlt werden soll. In Frankreich wiederum hat sich die Regierung Pensionsgelder der France Telecom überweisen lassen, die zwar den Haushalt 1997 zieren, aber auch Zahlungsverpflichtungen in den kommenden Jahren mit sich bringen. Und Deutschland? Nun, hier hat man den gescheiterten Coup des Bundesfinanzministers in schlechter Erinnerung. Der Versuch Theo Waigels, die Bundesbank zu einer Neubewertung ihrer Gold- und Devisenreserven zu bewegen, vor allem aber den daraus fließenden Gewinn schon 1997 zur Aufbesserung des Haushaltes an Bonn zu überweisen, fügt sich nahtlos in die Versuche ein, mit Hilfe einer »kreativen Buchführung«, wie man dies heutzutage nennt, die Latte der Euro-Kriterien so zurechtzubiegen, daß auch Fußkranke sie überspringen können, wie dies ein Zeichner aus den Niederlanden trefflich dargestellt hat.

Diese Schummeleien haben das Vertrauen in den Euro nicht gerade gestärkt. Sie haben vielmehr Wasser auf die Mühlen jener geleitet, die da meinen, die ganze Euro-Veranstaltung sei im Grunde eine Mogelpackung. Daß diese Stimmen in Deutschland besonders laut zu vernehmen sind, liegt vor allem daran, daß man hier meint, besonders viel zu verlieren zu haben. Nicht nur eine weltweit geschätzte Währung mit einer hohen Stabilitätskultur, sondern auch noch jede Menge Geld, wenn es zu den befürchteten Ausgleichszahlungen an wirtschaftlich schwächere Kandidaten kommen sollte, für die ein harter Euro eine zu große Bürde wäre. Man verweist dabei auf Erfahrungen mit der deutsch-deutschen Währungsunion, die zu einem Strom von jährlich rund 150 Mrd. Mark an Transferzahlungen von West nach Ost geführt hat. Die Tatsache, daß Deutschland schon jetzt der bei weitem größte Nettozahler der Europäischen Union ist und sich darob ausgenommen fühlt, untermauert solcherlei Befürchtungen.

Indes: All diese Einwände, von denen es viele Dutzende gibt und von denen viele auch nicht so ohne weiteres von der Hand zu weisen sind, klammern die eigentlichen und wesentlichen Punkte aus. Sie beschreiben die vielfachen Gefahren und Risiken, die in einer Währungsunion lauern, nicht aber die entstehenden Probleme, wenn sie nicht kommt, oder die Chancen, die ein einheitlicher Währungsraum dieser Größenordnung bietet. Und gerade wir Deutschen sollten uns dies vor Augen halten. Beispielsweise indem wir uns vergegenwärtigen, daß wir als zweitgrößter Exporteur der Welt an einer einheitlichen Währung in jenem Gebiet, in das 70 Prozent unserer Ausfuhren gehen, größtes Interesse haben sollten. Was nämlich passiert, wenn auf der D-Mark auch weiterhin ein Aufwertungsdruck lastet, dafür gibt es genügend Anschauungsmaterial. Die Aufwertung der deutschen Währung Anfang der neunziger Jahre im Rahmen des Europäischen Währungssystems (EWS), das 1979 als Vorläufer des Euro ins Leben gerufen wurde und feste Wechselkurse in Europa zum Ziel hat, hat in Deutschland nach Berechnungen der Wirtschaftsforscher rund 500 000 Arbeitsplätze ge-

Steve Bell, England

kostet. Der Euro macht solche Kursveränderungen zwischen den wichtigsten Handelspartnern und Abnehmern deutscher Erzeugnisse künftig unmöglich. Daß ein Tourist, der mehrere Länder Europas bereisen will, künftig keine getrennten Portemonnaies mit den entsprechenden Währungen mehr braucht, daß nicht ein Teil seiner Reisekasse durch das Wechseln aufgebraucht wird, ist sicherlich nur eine angenehme Nebenerscheinung des Euro. Viel wichtiger ist er für die Wirtschaft, für die Unternehmen, die ihre Investitionen planen und nicht mehr befürchten müssen, daß Wechselkursveränderungen ihre Kalkulationen durcheinanderbringen. Aber es geht noch um mehr, nämlich um die Position Europas im Zeitalter der Globalisierung. Eine einheitliche Währung, das bedeutet in allen Ländern vergleichbare Preise und damit mehr Wettbewerb. Dieser wiederum stärkt die Stellung der europäischen Wirtschaftssubjekte im internationalen Konkurrenzkampf. Mehr Wettbewerb, das bedeutet in einem marktwirtschaftlichen System stets mehr Wachstum, mehr Arbeitsplätze, mehr Wohlstand – und das wird auch dann der Fall sein, wenn der Euro einheitliches Zahlungsmittel ist.

Ein Blick in die Welt zeigt überdies: Rings um den Globus formieren sich die Blöcke. Die NAFTA in Nord- und Mittelamerika, Mercosur in Südamerika, der

Asian-Block in Asien. Sie alle haben jedoch einen gewaltigen Entwicklungsrückstand gegenüber der Europäischen Staatengemeinschaft. Während man dort noch um Zölle und Kontingente verhandelt, gibt es in Europa die Chance, einen einheitlichen Währungsraum mit – je nach Teilnehmerzahl – rund 250 Millionen Menschen zu schaffen. Diesen Vorsprung muß Europa zu seinen Gunsten nutzen, indem es den Euro zu einer Währung macht, die dem Dollar ebenbürtig und in einer von Währungsturbulenzen gekennzeichneten Zeit weniger anfällig ist für Kursschwankungen als all die Partikularwährungen der Gegenwart. Dies alles kann freilich nur dann funktionieren, wenn der Euro jene Qualitäten besitzt, die die D-Mark in der Zeit ihres Bestehens ausgezeichnet haben. Er muß stabil sein nach innen und damit auch nach außen, muß den Investoren Vertrauen einflößen, den Sparer davon überzeugen, daß seine Groschen sicher sind. Das wird dann der Fall sein, wenn die Mitglieder des Euro-Clubs dies als notwendige Voraussetzung für eine florierende Wirtschaft anerkennen und danach handeln. Dieser Aspekt ist in der bisherigen Diskussion über die bekannte Frage, ob drei Prozent dringend 3,0 sein müssen, weitgehend untergegangen. Viel wichtiger für die künftige Entwicklung des Euro und seiner Anwender als die berühmte Punktlandung mit exakt 3,0 Prozent Neuverschuldung im Jahr 1997 in der Euro-Gemeinschaft ist jedoch, wie ernst es den Mitgliedern ist, die Spielregeln einer soliden und auf Stabilität gerichteten Wirtschafts-, Finanz- und Geldpolitik zu betreiben. Denn davon hängen die wesentlichen Daten ab, die einen harten Euro ausmachen: eine geringe Inflationsrate, niedrige Zinsen und ein daraus resultierendes Ansehen an den internationalen Kapitalmärkten.

Sieht man das bisher Erreichte in diesem Licht, dann sollte es einem um die Stabilität und Solidität des Euro nicht bange sein. Denn was in den sechs Jahren seit der Unterzeichnung der Maastrichter Verträge an wirtschaftlicher Konvergenz erreicht worden ist, hätte niemand für möglich gehalten. Wer beispielsweise hätte seine Hand dafür ins Feuer legen mögen, daß Frankreich dauerhaft niedrigere Inflationsraten erreichen würde als Deutschland? Oder nehmen wir die Bemühungen Italiens: Der Vertrag von Maastricht war für das Land der wesentliche Katalysator dafür, das alte politische System der immer weiter wachsenden Staatsverschuldung strukturell zu erneuern und die inflationstreibende Lohnpolitik mit der berüchtigten »scala mobile« aufzugeben. Die internationale Finanzwelt hat diese gewaltige Anstrengung und die daraus resultierenden Ergebnisse honoriert: Die italienischen Zinsaufschläge als der Gradmesser für das Vertrauen der Anleger in diese Währung sind von 8,5 Prozentpunkten im März 1995 auf 1,5 Prozentpunkte im Mai 1997 gesunken. Das aber heißt: Die Europäische Union ist heute bereits eine Stabilitätsunion, jedenfalls im Kreis der Euro-Kandidaten. Die Inflationsraten sind mit einem Durchschnitt von 1,7 Prozent in der gesamten Union historisch niedrig: Es herrscht praktisch Preisstabilität und damit genau das, worauf es letztlich ankommt. Daß Karikaturisten mit ihren Einfällen, auch wenn sie noch so gelungen ausgeformt sind, auch einmal schiefliegen können, beweist jenes Bild, das den Kanzler auf der großen Dampfwalze zeigt, die soeben die Preisstabilität in Form eines ihr im Wege stehenden Lastwagens niedergewalzt hat.

Ja, sagen da die Kritiker, alles recht und schön, aber wartet nur ab, wenn all die vermeintlichen Musterschüler erst einmal unter die große Euro-Decke geschlüpft sind. Dann geht es in die vollen, dann sind all die Schwüre hinsichtlich einer soliden Haushaltspolitik vergessen, die Schulden schießen wieder üppig ins Kraut, und der Geldwert spielt wieder die zweite Geige. Dann macht man Beschäftigungspolitik auf Pump und vertraut darauf, daß die Zentralbankiers eines Tages gar nicht anders können als diese Politik nachträglich mit einer großzügigen Geldpolitik zu sanktionieren.

Dies alles ist aus heutiger Sicht nicht zu widerlegen, wahrscheinlich aber ist es nicht. Denn überall in Europa hat sich die Einsicht Bahn gebrochen, daß es keine wirkliche Alternative zu einer auf Geldstabilität gerichteten Wirtschaftspolitik gibt. Die in vielen Län-

Fritz Behrendt, Niederlande

dern auf den Weg gebrachten Reformprozesse, die in diese Richtung zielen, werden nach der Einführung des Euro wohl kaum storniert. Niemand sollte verkennen, daß in den Jahren seit der Unterzeichnung des Vertrags von Maastricht in Europa ein Stabilitätsbewußtsein in der öffentlichen Meinung entstanden ist, gegen das zu verstoßen künftig nicht mehr so leicht sein dürfte. In der Diskussion über den Euro wird immer wieder zu Recht darauf hingewiesen, daß die Nachhaltigkeit einer an der Stabilität des Gleichwertes orientierten Wirtschaftspolitik wichtiger ist als die haarscharfe Erfüllung eines Kriteriums. Damit darf nach den in den letzten Jahren gesammelten Erfahrungen gerechnet werden, zumal dies ja nicht ausschließlich dem guten Willen überlassen bleibt, sondern institutionelle Korsettstangen dafür eingezogen worden sind. Wir haben gesehen: Gegen eine Währungsunion mit einem pünktlichen Start zum Jahresbeginn 1999 läßt sich vieles einwenden, was heute nicht mit absoluter Sicherheit zu entkräften ist. Die Bedenken der Menschen sind verständlich, denn stets hat der Aufbruch zu neuem, unbekanntem Terrain Ängste ausgelöst und Widerstände hervorgerufen. Zudem geht es nicht um ein Experiment, das zu jedem beliebigen Zeitpunkt und ohne größere Schwierigkeiten einfach abgebrochen werden kann, wenngleich freilich dies bei außerordentlichen Problemen auch möglich wäre. Und überdies handelt es sich um ein höchst sensibles Gut, nämlich das Geld. Dies alles zusammen erlaubt keine leichtfertige Entscheidung, auch keine, die vorwiegend von sachfremden Motiven bestimmt ist, wie sie mitunter dem Bundeskanzler unterstellt werden. Über eines aber muß sich jeder im klaren sein: Die absolute Garantie für das reibungslose Funktionieren einer Währungsunion gibt es nicht, weder heute noch in Zukunft. Deshalb ist auch ein Verschieben des Termins keine Lösung, denn in den nächsten Jahren wird nichts von dem sich wesentlich verändern, was heute der Entscheidung zugrunde liegt. So, wie die Dinge stehen, so, wie die Weichen gestellt wurden, überwiegen die Chancen des Projekts die Risiken ganz erheblich. Ja, es ist für Europa sogar eine Notwendigkeit, die Reihen mittels einer gemeinsamen Währung zu schließen, um auf diese Weise auch in Zukunft eine führende Rolle in einer globalisierten Welt spielen zu können. Eine dem Wesenszug der Deutschen entgegenkommende Vollkasko-Währungsunion aber wird in alle Ewigkeit nicht verfügbar sein.

Horst Haitzinger, Deutschland

EUROOptimismus

MAYK. (Janusz Majewski), Schweden

Joep Bertrams, Niederlande

Der Euro kommt. Es bleibt bei dem, was ich gesagt habe. Ich habe überhaupt keinen Grund, angesichts des vielen dummen Geschwätzes, das es da gibt, das zu verändern.
Dr. Helmut Kohl, deutscher Bundeskanzler

Es geht für uns alle um die Stabilitätsgemeinschaft, die wir wollen; wir wollen einen harten Euro und keinen Pfannkuchen-Euro.
Markus Söder, Vorsitzender der Jungen Union Bayern

Dieter Hanitzsch, Deutschland

Die Menschen spüren, daß da etwas nicht stimmt. Das schürt Mißtrauen. Der Bundeskanzler hat das noch dadurch verstärkt, daß er sein politisches Schicksal an den Beginn des Euro bindet.

Kurt Biedenkopf,
sächsischer Ministerpräsident

Nun, ich glaube, daß in Deutschland noch eine ganze Menge Überzeugungsarbeit geleistet werden muß, um die Bürger davon zu überzeugen, daß die Wirtschafts- und Währungsunion gut ist.

Jacques Delors,
ehemaliger Präsident der Europäischen Kommission

BAS. (Bassilis Mitropoulos), Griechenland

« ELLE EST POUR! RIEN QUE POUR VOIR PATAUGER NOS PETITS ENFANTS, QUI SE MOQUENT DE NOUS PARCE QU'ON COMPTE TOUJOURS EN ANCIENS FRANCS! »

»Sie ist dafür! Aber nur um zu sehen, wie sich unsere Enkel anstellen werden, wenn sie sich über uns lustig machen, weil wir immer noch in alten Francs rechnen!«

Jacques Faizant, Frankreich

Nico Visscher, Niederlande

Eurofighter Aznar

Ismael (Ismael Carrillo), Spanien

Spanien wird dabei sein. Daran habe ich nie den geringsten Zweifel gehabt.

José María Aznar, spanischer Ministerpräsident

Carlos Killian, Spanien

Euro-Logik

»Wenn wir uns zusammentun, bleiben wir reich.«

»Wir schaffen es schon rechtzeitig.«   »Uns fehlt nur noch das Kleingeld für Benzin.«

Ich warne davor, die harte DM auf dem europäischen Altar zu opfern.

Karl-Otto Pöhl, ehemaliger Bundesbankpräsident

SERDU (Serge Duhayon), Belgien

Da der Euro, wenn überhaupt, nur so stark zu werden braucht wie die Mark, bietet er nicht dem Investitionsstandort Deutschland, wohl aber allen Standorten mit ehemals schwachen Währungen einen Vorteil. Die Nachbarländer haben mithin gute Gründe dafür, den Euro zu wollen. Die Bundesrepublik hat sie nicht.

Winfried Münster, Süddeutsche Zeitung

Es fällt auf, daß diejenigen EU-Länder am energischsten eine Währungsunion befürworten und in sie hineindrängen, deren Währungen in der Vergangenheit meistens schwach waren und häufig abgewertet werden mußten.

Winfried Münster, Süddeutsche Zeitung

SERDU (Serge Duhayon), Belgien

Europa-Opfer '91 Dieter Hanitzsch, Deutschland

Ironimus (Prof. Gustav Peichl), Österreich

Wenn wir den Euro leichtfertig trotz großer Risiken einführen und in zehn Jahren der Arbeiter Herbert Maier feststellt, daß seine Lebensversicherung über 100 000 Mark als Folge höherer Geldentwertung nur noch 80 000 Mark wert ist, wird er sich nicht freuen.
Das eröffnet Europagegnern ein breites Feld. Ich will verhindern, daß in Deutschland Leute wie Jörg Haider eine Chance bekommen.

Edmund Stoiber,
bayerischer Ministerpräsident

Ironimus (Prof. Gustav Peichl), Österreich

Theo Gootjes, Niederlande

Der Beitritt zur Währungsunion ist nach den Entschließungen des Bundestags und Bundesrats nicht primär eine politische, sondern eine ökonomische Entscheidung, und niemand kann ökonomische Defizite durch politische Entscheidungen ersetzen.

Edmund Stoiber, bayerischer Ministerpräsident

Die Einseitigkeit, mit der über den Euro in der Öffentlichkeit diskutiert wird, stört mich ganz gewaltig. Der Euro ist doch primär keine ökonomische Veranstaltung. Das glauben die Waigels, Tietmeyers und andere Geldpolitiker.

Helmut Schmidt, deutscher Alt-Bundeskanzler

Pepsch Gottscheber, Deutschland

Fälscherbanden stehen in den Startlöchern, mehr als hundert kennt alleine Italiens Polizei. Sie werden alten Mütterchen und schlichten Gemütern mit Drückerkolonnen auf den Pelz rücken, ihnen Angst um ihr Erspartes machen und ihnen ihre Mark und Lire und Francs entlocken und zu miserablen Kursen umtauschen.

Carolus, italienischer Fälschungsexperte

-zel (Hans-Joachim Stenzel), Deutschland

Einheitswährung — Gerhard Haderer, Österreich

»Dies wird unsere Einheitswährung sein und das Ende all unserer Probleme!«

Alex Noel Watson, England

Der Euro wird uns – nach dem Gemeinsamen Markt, nach dem freien Austausch von Kapital, Waren und Dienstleistungen – einen Markt von mehr als 300 Millionen Einwohnern mit einer Einheitswährung eröffnen. Mit dieser Einheitswährung wird Europa den USA ebenbürtig. In allen anderen Ländern der Welt wird der Euro genauso wie der Dollar die Reservewährung sein. In einigen Jahren wird die Dominanz einer einzelnen Währung über die gesamte Welt beendet sein, und wir Europäer werden wieder unsere Rechte wahrnehmen können.

Dominique Strauss-Kahn,
französische Wirtschafts- und Finanzministerin

EUROSkepsis

»Und ich?«

Walter Hanel, Deutschland

»Helmut, hör auf damit! Du verkrampfst!«

Plantu, Frankreich

Oliver Schopf, Österreich

Martyn Turner, Irland

*Indiana Jones und der Tempel des Todes

Ich halte nichts von der These, wenn der Beginn der Währungsunion um ein, zwei Jahre verschoben wird, dann gingen in Europa die Lichter aus.
Man muß zunächst einmal doch Anstrengungen von der Politik verlangen, daß sie jetzt noch einmal sich einen Ruck geben, die Hausaufgaben in der Finanzpolitik zu machen, um nachzuweisen, daß die Voraussetzungen für einen guten Start erfüllt sind. Dann kann man auch getrost in die Währungsunion hineingehen.
Axel Bertuch-Samuels, Chefvolkswirt des Deutschen Sparkassen- und Giroverbandes

Gallego y Rey, Spanien

Felix Mussil, Deutschland

Ich habe in meinem ganzen Leben keinen so schlechten Vertrag wie Maastricht gesehen.

Helmut Schmidt,
deutscher Alt-Bundeskanzler

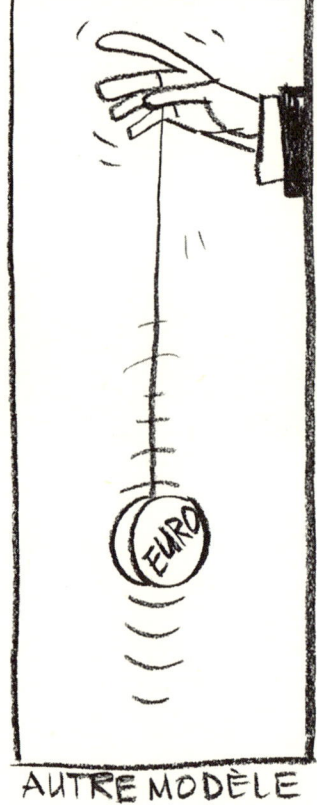

MODÈLE ALLEMAND

AUTRE MODÈLE

PANCHO, Frankreich

STABILITÄT

PRIORITÄT DER BESCHÄFTIGUNGSPOLITIK

Jean Veenenbos, Österreich

Den »goldenen« Ausweg aus der gegenwärtigen Wachstums- und Beschäftigungsmisere schafft die Währungsunion mit Sicherheit nicht. Der Euro wird für sich genommen weder das primär strukturelle Problem der Arbeitslosigkeit lösen können noch den Anpassungserfordernissen durch die Europäisierung und Globalisierung der Wirtschaft irgend etwas von ihrer Härte nehmen. Im Gegenteil: Die mit dem Slogan »ein Markt, eine Währung« verbundene Verheißung lautet doch ganz eindeutig: Effizienzsteigerung durch noch mehr Wettbewerb.

Prof. Dr. h.c. Reimut Jochimsen,
Präsident der nordrhein-westfälischen Landeszentralbank

Horst Haitzinger, Deutschland

Die anderen Länder müssen wissen, daß der Euro bei uns keine große Popularität genießt.
	Otmar Issing, Chefvolkswirt der Deutschen Bundesbank

Die Leute sind nicht von irrationalen Ängsten bewegt, sondern sie machen sich Sorgen, weil sie rechnen können, zugleich allerdings den Rechenkünsten der Politiker mißtrauen.
	Prof. Hans-Peter Schwarz, Universität Bonn

"Für Geld machst du alles, was?"

Ich NEHME auch EURO!

Reiner Schwalme, Deutschland

Dieter Hanitzsch, Deutschland

Kommen die Deutschen mit Hudeln und die anderen mit Schummeln rein, dann brauchen wir uns keine Sorgen mehr zu machen über die Stärke des Euro, die wäre dann ohnedies futsch. Und die Versicherung Kohls obsolet, die Euro-Scheine würden so stark werden wie die D-Mark, die deutschen Spargroschen also unberührt. Vorübergehend mag ein solcher Schwachsinn nützlich sein für den Export, auf Dauer aber fährt besser, wer heute schon den Dollar kauft. Genau das liegt nicht im Sinne des Erfinders Kohl.

Erich Böhme, Ex-»Spiegel«-Chefredakteur

Erik Liebermann, Deutschland

Noel Ford, England

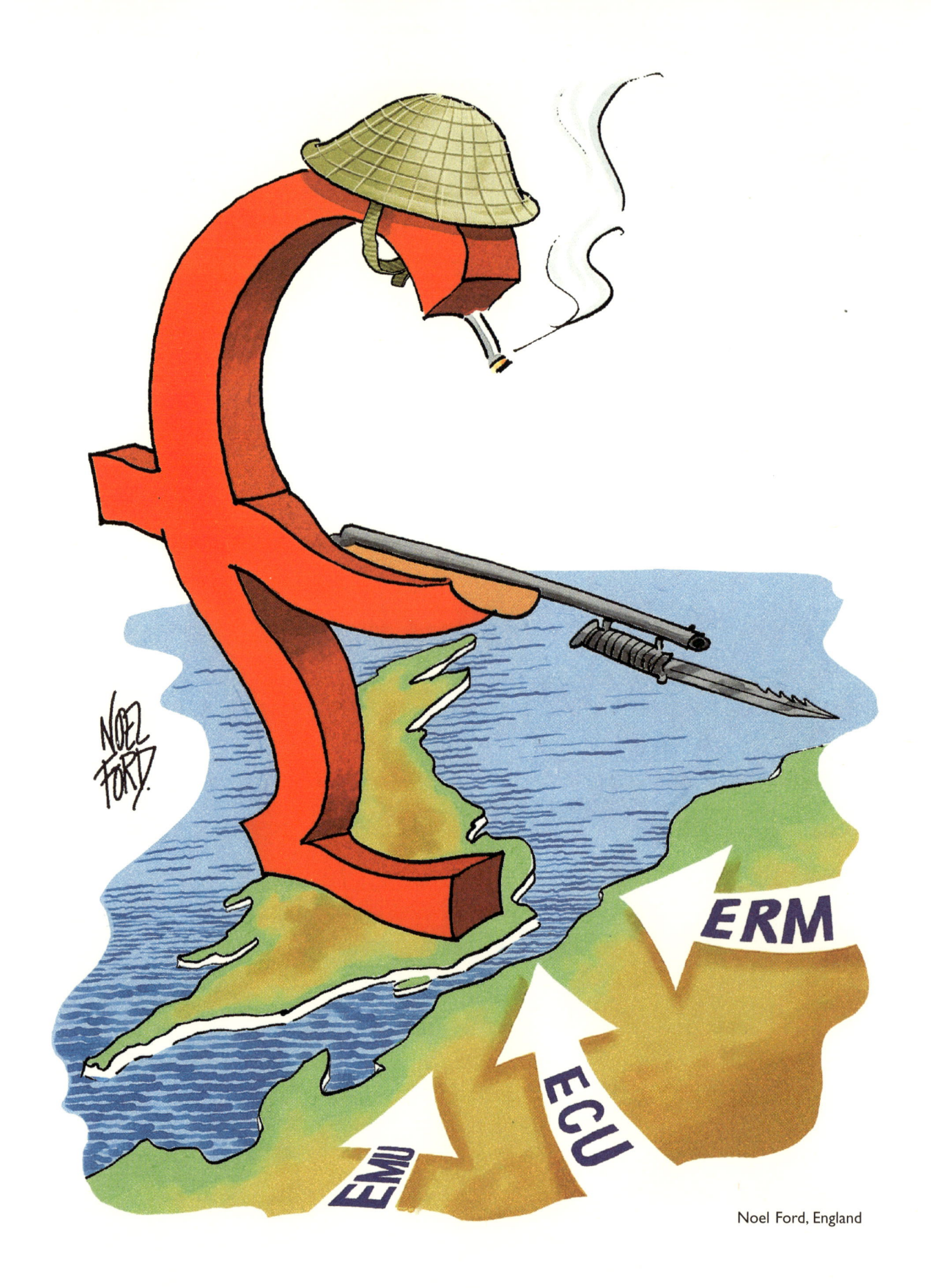

»Welch ein Jubel, welch ein Leben!«   Horst Haitzinger, Deutschland

Frits Muller, Niederlande

Der Euro verbindet die Europäer zu einer Existenzgemeinschaft, die allerdings untereinander auch Konflikte von neuer Intensität erfahren werden. Das Austarieren wirtschaftlicher Unterschiede durch Wechselkursänderungen, durch eigene Geldpolitik und eigene Inflationsrate entfällt. In Amerika, einem vergleichbar großen Währungsraum mit wirtschaftlicher Heterogenität, vollziehen sich solche Anpassungen durch Lohnflexibilität und hohe Mobilität. In diese Richtung wird auch Europa gedrängt werden – aber nur einen Teil der Wegstrecke zurücklegen. Daher wird zusätzlich ein Finanzausgleich notwendig werden, der uns aus dem deutschen Föderalismus vertraut ist.

Prof. Werner Weidenfeld, Universität München

Frei nach Rodins »Denker«

Tom Wikborg, Dänemark

Jean Veenenbos, Österreich

Gelobt sei, was hart macht.

Dieter Hanitzsch, Deutschland

Zu Berichten, mein Festhalten an den Stabilitätskriterien habe der Bundeskanzler als »ungewöhnlich törichtes Gerede« bezeichnet, kann ich nur sagen: Das ehrt mich.
Edmund Stoiber, bayerischer Ministerpräsident

STATHIS (Stathis Stavropoulos), Griechenland

EURO Angst

MAYK. (Janusz Majewski), Schweden

Petar Pismestrovic, Österreich

Der Euro ist kein ehrwürdig-abstraktes Europathema, sondern wird unvermeidlich eine Frage des eigenen Portemonnaies werden. Daher ist die Politik auch ganz falsch beraten, sich über die Zweifel, Vorbehalte und Sorgen der Bevölkerung stillschweigend hinwegzusetzen.
Prof. Arnulf Baring, Historiker

Frits Muller, Niederlande

Jos Collignon, Niederlande

Auf Biegen und Brechen in die Währungsunion, das kann nicht gut gehen.
> Hans Olaf Henkel, Präsident des Bundesverbandes der Deutschen Industrie

Ich halte den Euro nicht für eine dynamische Kraft, sondern schlicht für Dynamit.
Der bisherige Integrationszustand wird gefährdet, und die sozialen Konflikte sowohl in der Gesellschaft als auch zwischen den Gesellschaften werden gewaltig zunehmen.
> Prof. Wilhelm Hankel, Wirtschaftswissenschaftler

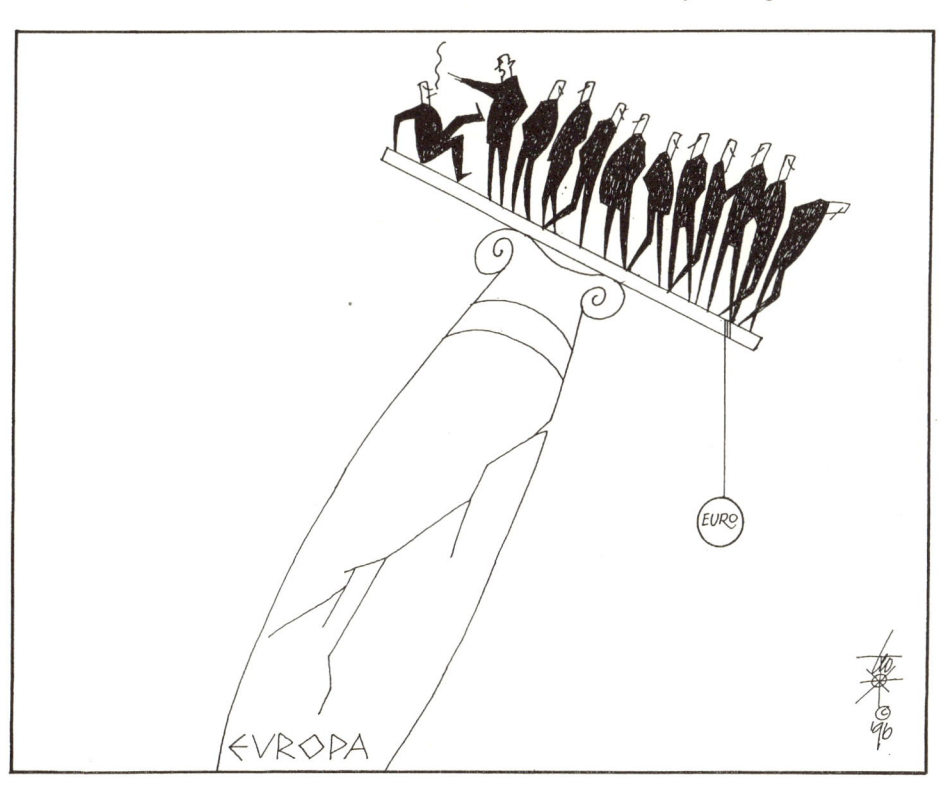

Theo Gootjes, Niederlande

Die Währungsunion ist ein großer Irrtum, ein abenteuerliches, waghalsiges, verfehltes Ziel, das Europa nicht eint, sondern spaltet.

Lord Ralf Dahrendorf,
ehemaliger Direktor der London School of Economics

Den Euro zu stoppen heißt, Europas Integration aufs Spiel zu setzen und damit die wohl wichtigste Quelle unseres Wohlstandes.

Norbert Walter, Chefvolkswirt der Deutschen Bank

Enzo Apicella, England

»In der Zeitung steht aber, daß der EURO eine sichere Währung sein soll!«

Walter Hanel, Deutschland

Wenn das Experiment Euro schiefgeht, dann gibt es zwei Szenarien: entweder hohe Inflation und Arbeitslosigkeit mit allen gerade in Deutschland wohl bekannten Folgen. Oder die Wiederherstellung der Nationalstaaten auf dem Wege der Vertragsauflösung. Die EU wäre für Jahrzehnte am Ende.

Roland Berger,
Unternehmensberater

Nico Visscher, Niederlande

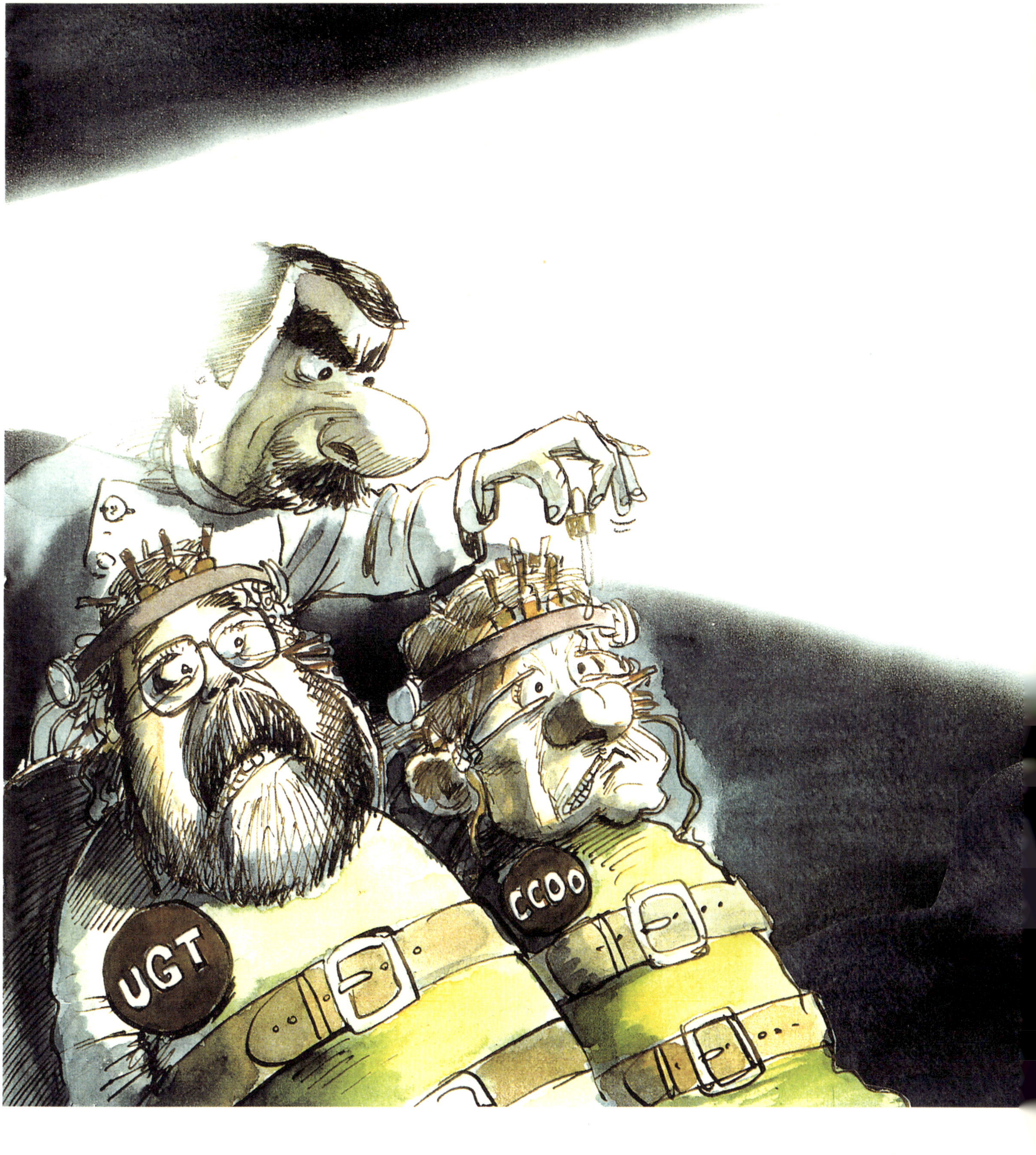
UGT
CCOO

Walter Hanel, Deutschland

Der Verlust der Deutschen Mark ist, wenn man so sagen darf, problematischer als die Einführung des Euro. Das Verschwinden des wichtigsten Symbols unseres gemeinsamen Selbstvertrauens, des deutschen Stolzes auf die eigene Leistungsfähigkeit, wird unsere Landsleute außerordentlich beunruhigen. Wir können eher die Nationalhymne aufgeben und die Flagge in den Schrank stellen, vielleicht sogar das Amt des Bundespräsidenten auflösen, als die Mark abschaffen.

Prof. Arnulf Baring, Historiker

Ich habe den Eindruck, einige Länder begreifen die Mitgliedschaft in der Währungsunion als Prestigesache. Die Gefahr besteht, daß wenige Mitgliedstaaten voranstürmen ohne Rücksicht, ob die Kriterien wirklich erfüllt werden. Dann besteht die Gefahr, daß der Euro eher eine schwache denn eine starke Währung wird.

Eddie George,
Präsident der Bank of England

* *Clockwork Orange*

José Maria Aznar, span. Ministerpräsident, mit den Gewerkschaftsvorsitzenden Candido Mendez (UGT) und Antonie Gutiérrez (CCOO)

Gallego y Rey, Spanien

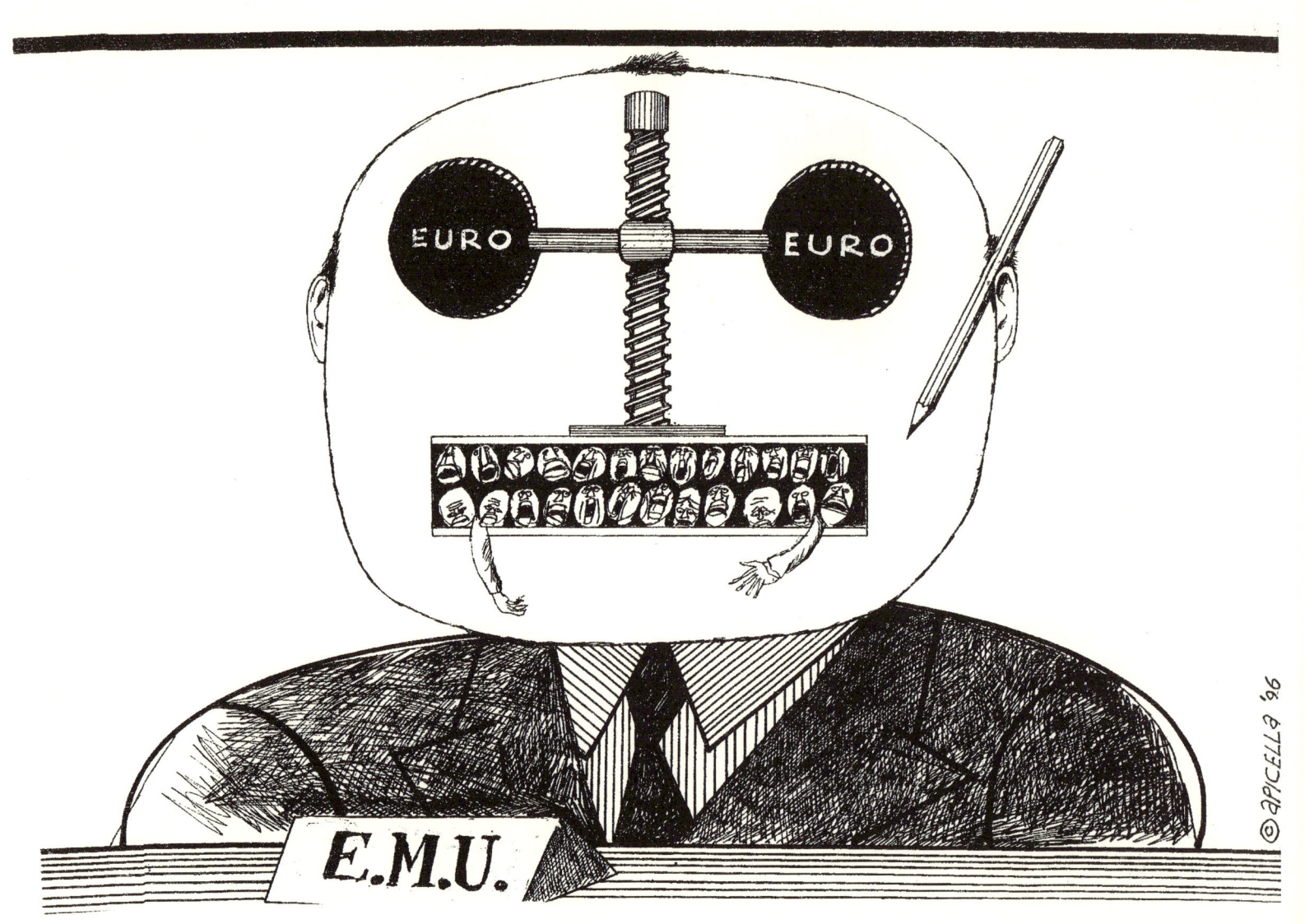

Enzo Apicella, England

Helmut Kohl will in die Geschichte nicht nur als der Mann eingehen, der Deutschland wiedervereinigt hat, was zweifellos eine große Leistung ist. Er möchte auch der Mann sein, der einen europäischen Kernstaat schafft. Ich glaube, er will ein fälschlich Europa genanntes Gebilde schaffen, das aus Frankreich, Deutschland, Belgien, den Niederlanden, Luxemburg und Österreich besteht. Kohl hat gar nicht vor, Staaten wie Italien, Spanien oder Portugal dabeizuhaben. Vielleicht später Schweden oder Dänemark, Großbritannien aber nicht. So etwas dürfte nie Europa heißen, damit spaltet er Europa.

John Redwood, britischer Konservativer

Das Märchen vom Sterntaler   Helmut Hütter, Österreich

Riber Hansson, Schweden

Ökonomisch ist der Euro eine großartige Idee. Doch jetzt wird er immer mehr zu einer politischen Währung mit allen Risiken.
Kurt Biedenkopf, sächsischer Ministerpräsident

Die Währungsunion ist derzeit ein unsicheres und wackliges Unternehmen.
Göran Persson, schwedischer Ministerpräsident

EUROLust

Riber Hansson, Schweden

»Wieviel kostet das in Euros?«

Stefan Verwey, Niederlande

Jean Veenenbos, Österreich

Oliver Schopf, Österreich

Miquel Ferreres, Spanien

Jospin: »18 Millionen Arbeitslose schauen auf uns.«
Kohl: »Da können Lastwagen brennen, wenn er eine fixe Idee hat, gibt es niemanden, der ihn davon abbringt!«
Aznar: »Hoch lebe Maastricht! Es lebe hoch der EURO!«

»Könntest du mich nicht ein bißchen konvergieren, um zu sehen, ob du mein öffentliches Defizit verminderst?... Mein Wirtschaftsexperte ...«

Forges (Antonio Fraguas), Spanien

Vasco de Castro, Portugal

Petar Pismestrovic, Österreich

Wenn man einen Liter Vollmilch mit fünf Litern Magermilch mischt, hat man am Ende nicht sechs Liter Vollmilch.

Egon Bahr, SPD-Politiker

Ganz viele Leute sind sehr besorgt. Sie sagen, wenn man, um nur eine Zahl zu nennen, neun Währungsgebiete zusammenschließt – drei sind schwach, drei mittel, drei stark –, dann kann dabei nicht die stabilste Währung herauskommen. Daraus schließen die Leute: Wenn die Geldentwertung mit dem Euro zunimmt, dann verliere ich etwas von meinem Gesparten. So simpel ist das.

Gerhard Schröder, niedersächsischer Ministerpräsident

Bas van der Schot, Niederlande

Wir müssen es machen, sonst macht es keiner mehr.
François Mitterrand und Helmut Kohl

Sonderpreise für Spanier — Ricardo & Nacho, Spanien

Spanien hat in den vergangenen zwei oder drei Jahren beeindruckende Fortschritte gemacht, um die Konvergenzkriterien zu erfüllen. Es hat jetzt fast die niedrigste Inflationsrate in Europa, die Zinsen sind gesunken, es gibt keinerlei Probleme mit der Peseta, und die Staatsfinanzen liegen auf der Linie der Maastricht-Kriterien.
  Willem F. Duisenberg, Präsident des Europäischen Währungsinstituts

EUROFrust

AUF GEHT'S

Joep Bertrams, Niederlande

EMU-Korsett Dave Brown, England

Der monetäre Zwang des Euro soll den notwendigen Grad von gemeinsamer Wirtschafts- und Steuerpolitik erreichen, zu dem sich seine Politiker nicht durchringen konnten – na, hoffentlich!

Egon Bahr, SPD-Politiker

Jean Veenenbos, Österreich

»Wer hatte hier denn eigentlich die Vorfahrt?«

Horst Haitzinger, Deutschland

»Was immer Sie tun, erwähnen Sie auf keinen Fall die Möglichkeit unseres Beitritts zur Europäischen Währungsunion!«

Arnold Wiles, England

Die Einheitswährung ist wie ein gemeinsames Konto mit den Nachbarn. Ich selbst habe nicht einmal ein gemeinsames Konto mit meiner Frau.
John Redwood, britischer Konservativer

»Machen Sie sich keine Sorgen, ich schaue noch mal auf die Warteliste...«

PANCHO, Frankreich

»Da bin ich!«
»Diese Italiener...!«

Wenn wir es schaffen wollen, werden wir es schaffen. Und wir wollen es schaffen.
Romano Prodi,
italienischer Ministerpräsident

PANCHO, Frankreich

»Einheitswährung? Ich wäre froh, wenn ich überhaupt eine Währung hätte!«

Alex Noel Watson, England

Ich glaube, der Fehler liegt darin, daß man mit dem Euro zuviel versprochen hat, was er gar nicht leisten kann.
Gerhard Schröder,
niedersächsischer Ministerpräsident

Barbara Henniger, Deutschland

»Sag mal, könnte es sein, daß der Zug schon durch ist?«

LUFF (Rolf Henn), Deutschland

Wir müssen den Zug nicht anhalten. Ohne uns fährt er nicht.

Edmund Stoiber,
bayerischer Ministerpräsident

Man muß doch einen Zug, der in die falsche Richtung fährt, stoppen, solange es noch geht. Wenn Kohl das zum Tabu erklärt, dann offenbart er damit eine problematische Einstellung zur demokratischen Qualität unseres Gemeinwesens.

Gerhard Schröder,
niedersächsischer Ministerpräsident

Fritz Behrendt, Niederlande

Sisyphos   Helmut Hütter, Österreich

Walter Hanel, Deutschland

Nicht wenige erwarten, daß das gemeinsame Geld die europäische Staatlichkeit bewirkt – der Euro als Schrittmacher der Politischen Union. In dieser Rolle ist er überfordert. Es ist schwierig genug, das Geld stabil zu halten.

Otmar Issing, Chefvolkswirt der Deutschen Bundesbank

In dieser Währungsunion leidet ja der eine unter den Fehlern des anderen. Es ist eine Ehe ohne Auflösungsmöglichkeiten, ohne Scheidung. Was es bedeutet, wenn sich die Partner unterschiedlich verhalten und nicht zusammenpassen, können Sie sich vorstellen.

Edmund Stoiber, bayerischer Ministerpräsident

Störung im Euro-Konzert
Solist Kohl: »Ruhe! Sie stehen nicht im Programm, Stoiber ...«

E. M. Lang, Deutschland

Wenn wir die Diskussion über die Risiken eines politischen Euro nicht führen, dann werden wir etwas einführen, von dem wir nicht wissen können, wo es endet.
Wer nicht den Mut hat, über die Risiken zu diskutieren, ist seiner Sache nicht sicher.

Kurt Biedenkopf,
sächsischer Ministerpräsident

Kobold Biedenkopf in der Euro-Schmiede

E. M. Lang, Deutschland

Eurofighter Mike Stoiber

Pepsch Gottscheber, Deutschland

> Wenn die anderen glauben, wir würden aus Europhilie Dinge akzeptieren, die wir in puncto Stabilität der Währung nicht vertreten können, dann müssen wir sagen, das ist mit uns nicht zu machen.
> Edmund Stoiber, bayerischer Ministerpräsident

Mike Stoiber im Euro-Ring

Horst Haitzinger, Deutschland

Adam Korpak, Finnland

»Was ist der Unterschied zwischen der Europäischen Währungsunion und BSE?«

»Die Europäische Währungsunion stirbt nicht auf natürliche Weise aus!«

Kipper Williams, England

»Wer hat mehr Probleme, in die EWU zu kommen, Italien oder Deutschland?«
»Kommt darauf an!!«

Emilio Giannelli, Italien

"ICH WEISS NICHT RECHT, WIE ICH ES EUCH SAGEN SOLL, ABER IN EUROPA WIRD PERSONAL FREIGEGESETZT..."

Erik Liebermann, Deutschland

Frankreich, Spanien, Italien – alle tun es: Sie frisieren ihre Bücher auf ein Weise, die bei Privatleuten sofort das Betrugsdezernat auf den Plan rufen würde. Sie wissen das alles, Herr Kanzler, auch wenn Ihr Volk es nicht weiß.

Frederick Forsyth,
britischer Schriftsteller

»Wie schwer sind sie zu fälschen?«

Alan de la Nougerede, England

Barbara Henniger, Deutschland

Europa wird mit Dorfwährungen nicht konkurrenzfähig bleiben.
Klaus Kinkel, deutscher Bundesaußenminister

Bei Kenntnis der Fakten würde wohl nicht einmal ein Dorftrottel die D-Mark als »Dorfwährung« bezeichnen. Nach dem Dollar ist die Mark weltweit die wichtigste Reservewährung.
Wolfgang Grüger, Präsident der Volks- und Raiffeisenbanken

Die D-Mark ist die erfolgreichste Währung seit dem Zweiten Weltkrieg und in Deutschland ein Symbol der nationalen Identifikation und auch des Stolzes.
Prof. Werner Kaltefleiter,
Direktor des Instituts für Sicherheitspolitik an der
Universität Kiel

Dave Brown, England

Helmut Kohl wird der Währungsunion nicht um jeden Preis zustimmen. Wenn es sein muß, vertritt er knallhart deutsche Interessen und nimmt entschieden Rücksicht auf deutsche Befindlichkeiten.
Jean-Claude Juncker, Premierminister von Luxemburg

Die Politische Union ist das unerläßliche Gegenstück zur Wirtschafts- und Währungsunion. Die jüngere Geschichte, und zwar nicht nur die Deutschlands, lehrt uns, daß die Vorstellung, man könne eine Wirtschafts- und Währungsunion ohne Politische Union auf Dauer erhalten, abwegig ist.
Helmut Kohl, deutscher Bundeskanzler

MAYK. (Janusz Majewski), Schweden

Warum schenken uns die Euro-Befürworter keinen reinen Wein ein? Sie wissen doch zumindest in Deutschland, in welchem Umfang Transferzahlungen fällig werden, wenn man zwei unterschiedlich leistungsstarke Gebiete in einer Währungsunion zusammenfaßt!
Prof. Arnulf Baring, Historiker

BRITO, Frankreich

Durch den Vertrag, den gesunden Menschenverstand und das Anliegen sämtlicher europäischer Länder wird sichergestellt, daß der Euro mindestens ebenso stabil, solide und glaubwürdig ist, wie es die härtesten Währungen Europas, wie es die Mark und der Franc heute sind. Die Franzosen sind genauso stabilitätsbewußt wie die Deutschen. Der Unterschied liegt in der Debattierfreude.
Jean-Claude Trichet, Präsident der französischen Notenbank

António Guterres, portugiesischer Ministerpräsident

António Moreira Antunes, Portugal

Riber Hansson, Schweden

Es besteht ja Einvernehmen darüber, daß der Euro eine harte Währung werden soll. Es besteht auch eigentlich Einvernehmen darüber, daß er nicht dadurch gefährdet werden kann, daß die Mitgliedsländer übermäßige Defizite machen. Was ein übermäßiges Defizit ist, hat man definiert: Das ist ein Defizit, das drei Prozent des Bruttoinlandsproduktes übersteigt. Drei heißt drei, und drei heißt nicht drei vor dem Komma, denn drei vor dem Komma könnte auch noch 3,9 sein.
Prof. Dr. Herbert Hax, Vorsitzender des Sachverständigenrats zur Begutachtung der gesamtwirtschaftlichen Entwicklung

Störenfried

Walter Hanel, Deutschland

Manchem Argument, das ich in letzter Zeit gehört habe, wonach im Falle einer Verschiebung des Euro der europäische Himmel einstürzen oder die Wirtschaft aus den Fugen geraten würde, kann ich einfach nicht folgen.
Hans Tietmeyer, Bundesbankpräsident

»Vielleicht Ihre letzte Chance, mir eine Münze mit dem Kopf ihrer Majestät darauf zu geben.«

Bernard Cookson, England

Die Deutschen sollen ihre Deutschmark behalten – sie haben verdammt hart dafür gearbeitet. Soll doch der Trottel Santer die Wände mit seinen Brüsseler Geldscheinen tapezieren. Und wir behalten unser britisches Pfund – sie ist gar keine so üble, alte Dame, und wir haben sie seit fast eintausend Jahren.
Frederick Forsyth, britischer Schriftsteller

»Alles, was ich gekriegt habe, war eine Jammergeschichte über unseren möglichen Beitritt zur Europäischen Währungsunion!«

Arnold Wiles, England

Adam Korpak, Finnland

EUROTricks

Richard Cole, England

DER WUNDERDOKTOR

EURO
Das Elixier
WIRKT PROMPT
UND
ZUVERLÄSSIG

Jean Veenenbos, Österreich

Wenn der Euro scheitert, Europa im Chaos versinkt, die Deutschen weder Autos noch Pillen ins Ausland verkaufen können, weil die D-Mark neue Höhenflüge hat, dann braucht man überhaupt nicht mehr über irgendeine Zukunft zu reden. Das, was jetzt politisch noch möglich ist, was ökonomisch wahrscheinlich kleine Kurzzeitschäden erzeugt, muß unter dieser langfristigen Perspektive in Kauf genommen werden.

Prof. Dr. Norbert Walter,
Chefvolkswirt der Deutschen Bank

Trügerisch ist die Hoffnung, Europas Wirtschaft könne sich mit einem billigen Euro im Verhältnis zu den Konkurrenzwährungen außerhalb Europas von ihren Problemen freikaufen. Dies ist eine höchst widersprüchliche Vorstellung. Ein niedriger, die heimische Exportwirtschaft begünstigender Außenwert der eigenen Währung bedeutet verteuerte Einfuhren und letztlich importierte und schließlich hausgemachte Inflation.

Prof. Dr. h.c. Reimut Jochimsen,
Präsident der nordrhein-westfälischen Landeszentralbank

BAS. (Bassilis Mitropoulos), Griechenland

Bei den Kriterien mogeln doch alle –
auch die Deutschen mit ihrer stillen Verschuldung.
Albrecht Schmidt, Großbankier

»Ich bin ein Fachmann der Euro-Gruppe!«

»Unsere Aufgabe ist es, Gutes über den Euro zu sagen.«

»Hier sind unsere Zehn Gebote …«

»Du sollst den Euro nie anzweifeln;
du sollst den Euro nie anzweifeln;
du sollst den Euro nie anzweifeln …«

LUIS (Luis Afonso), Portugal

Dichtung und Wahrheit Dieter Hanitzsch, Deutschland

Helmut Kohl hat uns gesagt, wir bekämen die politische Union und deswegen brauchten wir eine einheitliche Währung. Wir haben keine politische Union, dennoch bekommen wir eine Währung. Helmut Kohl und auch die Sozialdemokraten haben uns gesagt: »Der Euro wird genauso stark sein wie die Mark.« Wir wissen genau, daß das gelogen ist.

Hans Apel, ehemaliger Bundesfinanzminister

In einem zivilisierten Land darf man die Aussage, der Euro wird genauso stark werden wie die Mark, einfach nicht durchgehen lassen. Es gibt keine neue Währung, die so stabil sein kann, weil eine Währung nur dann stabil ist, wenn sie eine Geschichte hat, in der sie sich bewährt hat. Man kann höchstens sagen, wir wollen dafür sorgen, dass sie im Laufe der Zeit so stabil wird, wie es die Mark geworden ist.

Lord Ralf Dahrendorf,
ehemaliger Direktor der London School of Economics

»Es läuft gut. Nur noch 32 Kilo müssen weg!« »In eineinhalb Stunden.«

Jos Collignon, Niederlande

»Das neue Euro-Team – in der erwarteten Aufstellung – feuert sich an:
»Wir alle – Euro Hipp Hurra – erfüllen die Kriterien ja!«

Jos Collignon, Niederlande

Gallego y Rey, Spanien

Impuestos: Steuern

Gallego y Rey, Spanien

Die Maastricht-Kriterien zwingen Europa nicht in eine Rezession. Ihre Einhaltung ist ökonomisch vernünftig, unabhängig vom Ziel der Währungsunion. Würde Staatsverschuldung zu wirtschaftlicher Kraft führen, so müßte das Saarland längst eine blühende Landschaft sein.

Otto Graf Lambsdorff,
ehemaliger deutscher Bundeswirtschaftsminister

Konservative Regierungen setzen zu einseitig auf die Politik der Stabilität des Geldes und den Standortwettbewerb mit Steuersenkung und Sozialabbau. Diese Politik hat zu hoher Arbeitslosigkeit geführt. Die Sozialdemokraten hingegen legen das Schwergewicht auf einen Pakt für die Beschäftigung und zugleich auf eine ökologische Modernisierung.

Oskar Lafontaine, SPD-Vorsitzender

»... kann ich bestätigen, daß ihr alle die geborenen Gärtner seid!«

Horst Haitzinger, Deutschland

> Die Kriterien sind fast heilig. Wenn der Patient Fieber hat, nutzt es schließlich nichts, wenn man das Thermometer wechselt. Es darf kein Zweifel entstehen, was die Priorität ist. Eine Wirtschafts- und Währungsunion, die rechtzeitig 1999 und auf Basis der Kriterien in Kraft tritt, wäre zwar schön. Aber man kann nicht ausschließen, daß sich das nicht realisieren läßt.
>
> Wim Kok, niederländischer Ministerpräsident

Das Wunder von Brüssel   Dieter Hanitzsch, Deutschland

Das vergangene Jahr hat eine Gewißheit gebracht: Der Euro kommt. Und eine andere, nicht gänzlich gewisse: Er kann so, wie jüngst in Dublin festgeklopft, nicht funktionieren. In keinem Fall wird er so stabil sein wie die Mark, was Bonn gerade erst wieder vollmundig bekräftigt hat, wider besseres Wissen.

Rudolf Augstein, »Spiegel«-Herausgeber

Der Überfall

Walter Hanel, Deutschland

Durch eine Höherbewertung der Gold- und Devisenreserven der Bundesbank (und einen daraus resultierenden Milliardenzufluß in die Bundeskasse) versucht Finanzminister Waigel im Mai 1997, das Haushaltsdefizit zu verringern – allerdings ohne Erfolg ...

»Daß ich da nicht schon eher draufkam …«

Horst Haitzinger, Deutschland

Was auch immer mit dem Gold passiert, das Geschacher der Regierung Kohl hat Deutschland nahezu jeder moralischen Autorität beraubt.

Wall Street Journal

Wenn der Stabilitätspakt schon heute gelten würde, dann müßte Herr Waigel allein in diesem Jahr sieben oder acht Milliarden Mark Strafe zahlen. Daran kann man sehen, was das für ein Unsinn ist.

Helmut Schmidt,
deutscher Alt-Bundeskanzler

Peter Schrank, England

Die Einheitswährung wird Europa in eine Kaserne verwandeln. Einen solchen Eindruck vermittelt der in Dublin beschlossene Stabilitätspakt mit seinen automatischen Sanktionen. Die Spielräume der nationalen Regierungen in der Wirtschaftspolitik werden minimal sein.
Jean-Pierre Chevènement, »Mouvement des Citoyens«

Der Flug des EMU — Dave Brown, England

> Wird der Euro den Wohlstand des deutschen Volkes mehren? Ganz im Gegenteil. Der Euro gleicht einem vollbesetzten – die Passagiere sind Sie – Flugzeug. Es muß fliegen, und zwar gut, oder es sollte gar nicht erst abheben. Das Schlimmste wäre, wenn es erst startet und dann abstürzt.
>
> Frederick Forsyth, britischer Schriftsteller

»Helmut, die Politik muß über das Geld bestimmen!« »Moment, ich schau mal ...«

PANCHO, Frankreich

»Machen Sie sich keine Sorgen:
Sie sind auf dem Weg zur Arbeit!«

PANCHO, Frankreich

»Dein populistisches Gequatsche über Stabilitätskriterien geht mir langsam auf die Nerven!«

LUFF (Rolf Henn), Deutschland

Wenn wir jetzt sagen würden, der Zeitplan geht aus politischen Gründen vor, dann würden wir ja der Stabilität der Währung nicht mehr die oberste Priorität geben. Das wäre in dieser essentiellen Frage der schwerste Vertrauensbruch gegenüber der deutschen Bevölkerung.

Edmund Stoiber, bayerischer Ministerpräsident

Verschieben heißt abbrechen. Jemand, der glaubt, man könne den Termin verschieben, soll sich mal vorstellen, wie Herr Waigel zwei weitere Jahre herumfummeln will mit seinen drei Prozent, die er nicht erreichen kann.

Helmut Schmidt, deutscher Alt-Bundeskanzler

Bauherrenmodell   Dieter Hanitzsch, Deutschland

"STABILER GEHT'S GAR NICHT!"

Es wird oft gesagt, der Euro ist so stabil wie die D-Mark. Ich gehe davon aus, daß der Euro stabiler wird als die D-Mark.
Peter Hintze,
CDU-Generalsekretär

Der Euro wird sich von der D-Mark nicht wesentlich unterscheiden, auch wenn ich niemals sagen würde, daß der Euro so hart sein wird wie die D-Mark.
Joschka Fischer,
Sprecher der Bundestagsfraktion von Bündnis 90/Die Grünen

»Du schaffst das, Theo!«   Walter Hanel, Deutschland

IL PIFFERAIO MAGICO

Giorgio Forattini, Italien

Der magische Flötenspieler
(vgl. Der Rattenfänger von Hameln)

Der Euro ist ein Vorhaben bar jeder ökonomischen Vernunft.

Alan Meltzer, US-Nationalökonom

AUF EUROPA ZU
»Im Galopp!!«

Emilio Giannelli, Italien

Kohl und Jospin   Ironimus (Prof. Gustav Peichl), Österreich

Ein weicher Euro steht nicht zur Debatte. Auch jeder Unternehmer würde sich weigern, den stabilen Franc gegen einen kränkelnden Euro einzutauschen. Wenn die Deutschen sich trotzdem partout selbst Angst einjagen wollen, dann hilft nur noch ein Psychologe.

Jacques Delors,
ehemaliger Präsident der Europäischen Kommission

In Deutschland sichert die Verfassung das Geld vor politischer Manipulation. Nach französischer Ansicht ist auch Geldpolitik Sache des Staates. Im Augenblick versuchen wir, diese zwei Denksysteme durch Kompromisse zu verbinden. Das Ergebnis ist bisher nicht sehr stabil. Geht die Entwicklung in Richtung Frankreich, dann machen wir den Euro zu einer politischen Währung.

Kurt Biedenkopf,
sächsischer Ministerpräsident

Maastricht-Kur — Dieter Hanitzsch, Deutschland

Man kann nicht bei Eintritt in einen Klub großzügig sein und erwarten, daß anschließend Disziplin gehalten wird.

Prof. Manfred J. M. Neumann,
Vorsitzender des wissenschaftlichen Beirats
beim Bundeswirtschaftsminister

»Möchtest du meine Hilfe, um die Maastricht-Kriterien zu erfüllen?«

»Laß uns realistisch sein, José Mari (Aznar), die Arbeitslosigkeit in deinem Land ist schrecklich, der größte Teil der neu geschaffenen Arbeitsplätze ist unsicher. Tausende Familien leben unterhalb der Armutsgrenze, und deshalb ...«

»... sehe ich keinerlei Hindernis.«

Ricardo & Nacho, Spanien

»Der Prado ist ein sehr schönes Museum, aber nach meiner Rechnung müssen Sie 314 Bilder verbrennen, um die Maastricht-Kriterien zu erfüllen.«

Ricardo & Nacho, Spanien

*Wim Kok, niederländischer Ministerpräsident

Tom Janssen, Niederlande

Auch für Deutschland wird es schwierig. Aber ich gehe davon aus, daß Deutschland, Holland und ein paar andere dabei sind. Ohne Deutschland wäre es sowieso vorbei.

Wim Kok, niederländischer Ministerpräsident

Joep Bertrams, Niederlande

Joep Bertrams, Niederlande

EUROWucht

Carlos Killian, Spanien

Wie das Euro-Symbol entstand — Peter Brookes, England

> Es ist eine der größten Lügen in dieser Debatte, daß nach dem 1.1.99, wenn nichts geschieht, Europa auseinanderfallen könnte. Das kann es nicht. Wir haben seit 38 Jahren einen gemeinsamen Markt, der prächtig funktioniert auch ohne das gemeinsame Geld, wir haben die Römischen Verträge, und wir haben den Zwang der Volkswirtschaften, sich anzunähern. Das alles wird dazu führen, daß wir in fünf, sechs Jahren viel bessere Voraussetzungen für die Einführung eines stabilen Euro-Geldes haben.
>
> Professor Wilhelm Hankel, Wirtschaftswissenschaftler

"My new square wheels will give you a better ride — with tyres of German sausage and Italian salami cooked by me"

»Mit meinen neuen quadratischen Rädern werdet Ihr besser fahren, mit Reifen aus deutscher Wurst und italienischer Salami – selbstgemacht.«

Michael Cummings, England

Es ist Pflicht aller Währungsspekulanten der Welt, den Euro in Stücke zu schießen – falls die Politiker es wagen sollten, ihn einzuführen.

Martin Taylor, Chef der britischen Barclays-Bank

David Simonds, England

Eine europäische Währung muß so stabil sein, wie es die
D-Mark immer dann war, wenn die SPD nicht regiert hat.

Wolfgang Schäuble,
Vorsitzender der CDU/CSU-Bundestagsfraktion

Euro-Dämmerung Richard Willson, England

Ich werde an alle Parteien appellieren, die Währungsunion und damit die Fortentwicklung Europas nicht zum Wahlkampfgegenstand zu machen. Wahlkämpfe müssen nun mal plakativ sein. Wer sich hier aber zu weit vorwagt, leistet sich und der Sache keinen Dienst.

Roman Herzog, deutscher Bundespräsident

Felix Mussil, Deutschland

»Darf ich eintreten?«

Emilio Giannelli, Italien

David Simonds, England

Franco Bruna, Italien

Nicht alle Deutschen glauben an Gott, aber alle an die Bundesbank.

Jacques Delors,
ehemaliger Präsident der Europäischen Kommission

António Moreira Antunes, Portugal

Auf der Münze: Oppositionsführer Marcelo Rebelo de Sousa und António Guterres, portugiesischer Ministerpräsident

António Moreira Antunes, Portugal

Richard Cole, England

Das Risiko ist, daß wir in fünf Jahren dastehen – und die Sache funktioniert nicht.
Kurt Biedenkopf, sächsischer Ministerpräsident

Euro-Wucht	Dieter Hanitzsch, Deutschland

Peter Schrank, England

Das ist so ungefähr wie in Großbritannien, als man sich umstellen mußte von Meilen auf Kilometer. Da haben sich die Zahlen geändert, aber die Entfernung ist natürlich gleichgeblieben.

Ingrid Matthäus-Maier,
finanzpolitische Sprecherin der SPD-Bundestagsfraktion

Peter Schrank, England

Martyn Turner, Irland

Felix Mussil, Deutschland

EUROVisionen

BAS. (Bassilis Mitropoulos), Griechenland

The next part of the plan, Mon General, is a SINGLE CURRENCY!

»Der nächste Teil des Plans, mein General, ist eine Einheitswährung!«

Les Barton, England

Europoleon — Florin Balaban, Luxemburg

Riber Hansson, Schweden

Walter Hanel, Deutschland

Ich halte nichts davon, voreilig von Verschiebung zu reden. Aber es ist klar: Die Kriterien bestimmen den Zeitplan und nicht umgekehrt.

Edmund Stoiber, bayerischer Ministerpräsident

Ich bin kein prinzipieller Gegner der Einheitswährung – im Gegenteil, ich finde, das könnte ein Schritt sein, der Europa weiterbringt. Aber vorher muß die politische Integration weitergehen, mindestens parallel dazu. Davon kann inzwischen keine Rede sein. Und außerdem finde ich es wichtig, daß in der Tat die Stabilitätskriterien, die in Deutschland wichtig sind, unabhängig von ihrer ökonomischen Bedeutung, den Zeitplan regieren und nicht umgekehrt.

Gerhard Schröder, niedersächsischer Ministerpräsident

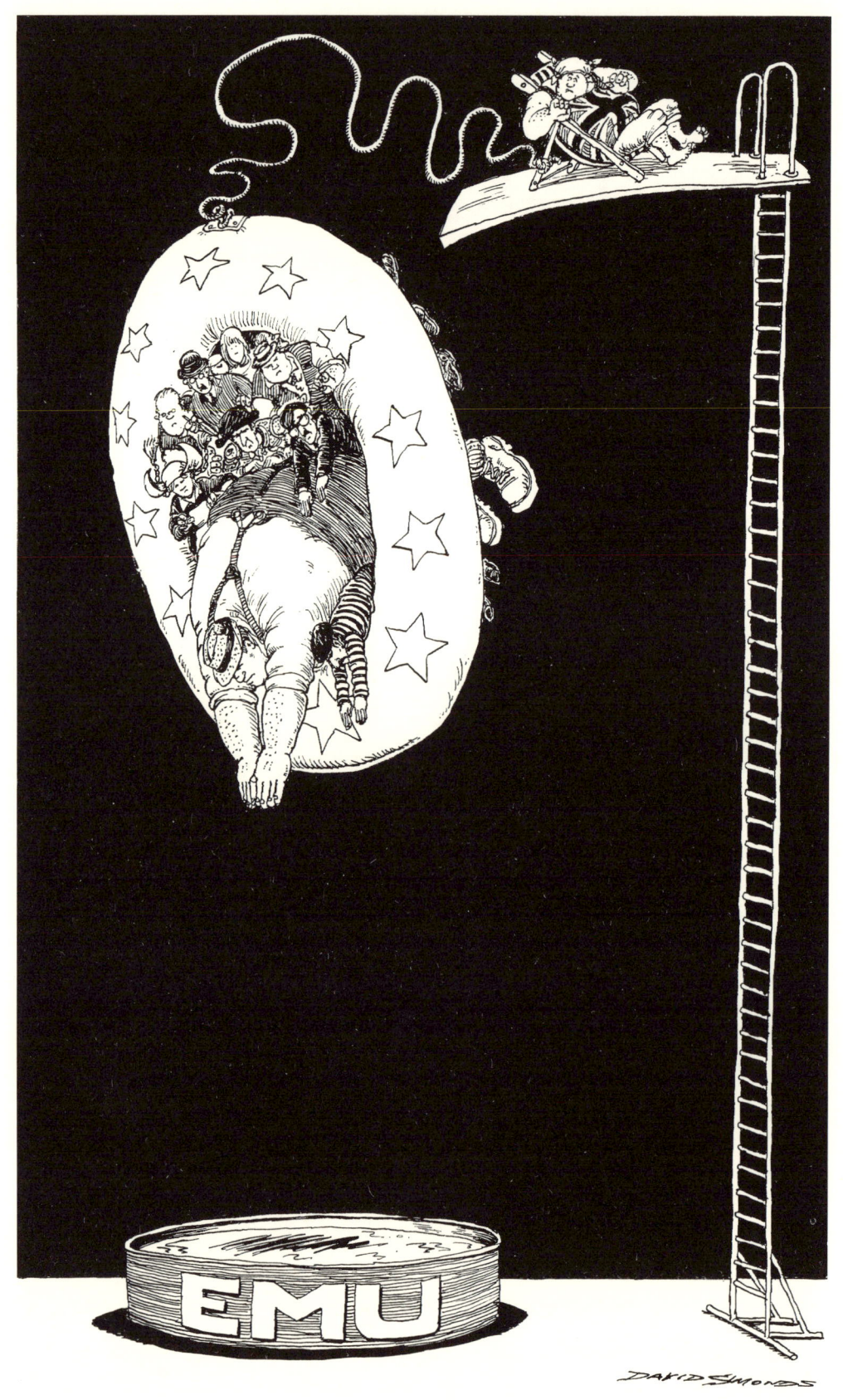

David Simonds, England

Sterntaler Reiner Schwalme, Deutschland

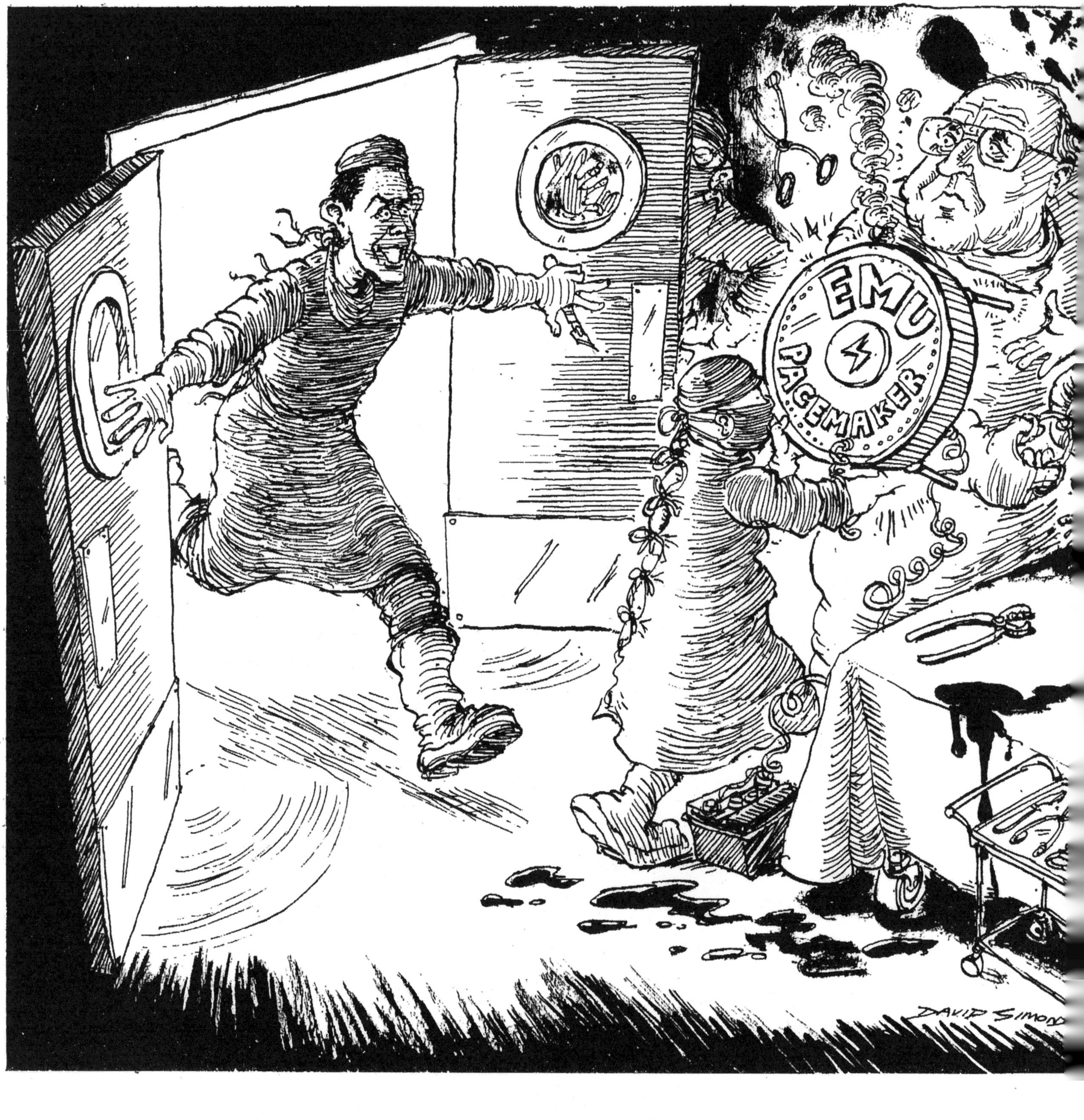
EMU
PAGEMAKER
DAVID SIMOND

HEART OF EUROPE

David Simonds, England

Wir haben klar zum Ausdruck gebracht, daß wir es für höchst unwahrscheinlich halten, daß Großbritannien bei der ersten Welle der Währungsunion mit dabeisein würde.
Wir haben ebenfalls klar zum Ausdruck gebracht – was wir auch stets gesagt haben –, daß die Kriterien für die Währungsunion in keinerlei Weise manipuliert, verfälscht noch verpfuscht werden dürften. Und wenn das doch geschieht, dann lautet die Antwort nicht, daß man den Termin verschiebt, sondern die Antwort lautet dann, daß man nicht weitermacht.

Tony Blair, britischer Premierminister

Dietmar Grosse, Deutschland

Chic Jacob, England

In ungefähr drei bis fünf Jahren wird der Euro auf den Finanzmärkten der Welt ebenso stark sein wie der US-Dollar. Und die Währungsreserven des Euro werden viel stärker sein als die Währungsreserven des US-Dollar.

Helmut Schmidt, deutscher Alt-Bundeskanzler

»Ich verspreche einen Euro, der nicht stärker sein wird als der Dollar!«

»Man kann nichts sagen: Er läßt mich mehr träumen als Chirac!«

PLANTU, Frankreich

PLANTU, Frankreich

Wir geben uns endlich ein Währungsinstrument an die Hand, das Europa den USA ebenbürtig machen wird. Wir leben seit Kriegsende – und ich sage das ohne Animosität gegenüber unseren amerikanischen Freunden – in einer Situation, in der die Länder Europas kulturell, da wirtschaftlich, von den USA unterjocht werden.

Dominique Strauss-Kahn,
französische Wirtschafts- und Finanzministerin

Wer denkt, mit dem Euro eine Weltwährung zu schaffen, der irrt. Es gibt nur eine dominierende Währung, und das ist der Dollar. Andererseits sind die deutsche und die französische Wirtschaft einzeln stark genug, um ihr Geld stabil zu halten. Wir sollten nicht mit dem Geld anfangen. Das Geld kommt am Schluß.

Alain Cotta, französischer Nationalökonom

ÜBER ALLES

Emilio Giannelli, Italien

»Du sollst den Euro über alles lieben!« Forges (Antonio Fraguas), Spanien

Vertrauen bekommt man nicht für nichts, Vertrauen muß man sich verdienen. Es hilft nicht, die Bücher für ein Jahr zu schönen.

Willem F. Duisenberg,
Präsident des Europäischen Währungsinstituts

"I SEE US BEING OPPOSED TO A SINGLE CURRENCY FOR THE FORESEEABLE FUTURE."

»Ich sehe uns auf absehbare Zeit als Gegner der Einheitswährung.«

»Ich warte ab und sehe nichts Böses.«

Jeremy Banx, England

"I'M WAIT AND SEE NO EVIL."

António Moreira Antunes, Portugal

Bryan Reading, England

Der Euro kommt, das ist ganz sicher. Aber ohne uns, das ist auch ganz sicher. Wir warten erst mal ab, was passiert.
Tony Blair, britischer Premierminister

Der Dalí-Euro Dieter Zehentmayr, Deutschland

> Wir können doch nicht in zwei oder drei Jahren sagen: Das war der Preis, den wir für Europa zahlen mußten, wenn bei einer solchen Politik die Renten und Ersparnisse weniger wert und die Zinsen gestiegen sind. Wer dies den Menschen zumutet, der bricht Vertrauen und wird auf Jahre keine politische Verantwortung in diesem Land mehr bekommen.
>
> Edmund Stoiber, bayerischer Ministerpräsident

"GIBT ES FÜR UNS EIGENTLICH EIN LEBEN NACH DEM EURO?"

"BESTIMMT! DA WETT ICH MIT DIR UM TAUSEND MARK..."

Erik Liebermann, Deutschland

Kipper Williams, England

»Die Währungsunion ab 1999? Die machen wohl Witze!«
»Wir schaffen das nie bis dahin!«
»Ein völlig unrealistischer Vorschlag!«

»In diesem Fall müßte man den Maastricht-Vertrag neu aushandeln!«

»O.K., 1999 geht klar.«
»Ein einwandfrei durchführbarer Zeitplan!«
»Wir werden da sein!«

Maastricht-Märchen

Ismael (Ismael Carrillo), Spanien

»Habt Ihr mal 'ne Mark für mich?«

Horst Haitzinger, Deutschland

> In einer europäischen Währungsunion wird der Druck auf die reichen Länder, vor allem auf Deutschland, zunehmen, den ärmeren Ländern finanziell stärker unter die Arme zu greifen, um die wirtschaftliche Angleichung zu beschleunigen. Diesem Druck muß Deutschland widerstehen. Alle beteiligten Länder müssen von Anfang an wissen, daß sie für eigene Rechnungen selbst aufkommen müssen.
>
> Dr. Thilo Sarrazin,
> Leiter der Treuhand-Liegenschaftsgesellschaft in Berlin

Constantinos Gregoriades, Griechenland

Das Scheitern einer übereilten Einführung halte ich für gefährlicher als eine kontrollierte Verschiebung.

Gerhard Schröder, niedersächsischer Ministerpräsident

BAS. (Bassilis Mitropoulos), Griechenland

Turbulenzen Dieter Zehentmayr, Deutschland

Deutschland hat bei der anstehenden Währungsunion viel zu verlieren, nämlich eine der erfolgreichsten und besten Geldverfassungen der Welt.

Hans Tietmeyer, Bundesbankpräsident

Jean Veenenbos, Österreich

Viele Bürger sehen in der Währungsunion ein Abenteuer mit ungewissem Ausgang. Der Politik ist es nicht gelungen, die Furcht vor einer Inflationsgemeinschaft mit Transferunion zu nehmen. Dazu gesellt sich die simple Logik, daß man wohl kaum ein knappes Dutzend bislang weniger stabile Währungen mit der bewährten D-Mark oder dem Gulden in einen Topf werfen und zugleich erwarten könne, heraus käme etwas Gleichwertiges oder sogar Besseres als das stabilste Geld.

Prof. Dr. h.c. Reimut Jochimsen,
Präsident der nordrhein-westfälischen Landeszentralbank

"I SUPPOSE THE NEXT THING WILL BE A SINGLE LANGUAGE"

Tony Holland, England

»Ich vermute, als nächstes kommt die Einheitssprache.«

Die Zeichner

Roald Als, geboren 1948, absolvierte die »Dänische Schule für angewandte Kunst« 1975. Zeichnete von 1980–1994 für das Wochenmagazin »Weekendavisen«, seit 1994 für die Tageszeitung »Politiken« in Kopenhagen. Lebt in Kopenhagen. S. 23

António Moreira Antunes, geboren am 12.4.1953, zeichnet seit 1974 für den wöchentlich in Lissabon erscheinenden »Expresso«. Zahlreiche Bücher und Ausstellungen. Viele internationale Preise. S. 86, 124, 125, 147

Enzo Apicella, geboren 1922 in Neapel, ließ sich 1954 in England nieder; zeichnet für »Observer«, »Guardian«, »Economist«, »Private Eye« und andere Zeitschriften. S. 52, 58

Florin Balaban, geboren 1968 in Rumänien, vielfacher Badmintonmeister von Rumänien, Olympiateilnehmer 1992 in Barcelona. Lebt in Luxemburg, zeichnet als Autodidakt Karikaturen für das »Luxemburger Wort«. S. 133

Jeremy Banx, geboren 1959, veröffentlichte Cartoons in »Punch«, »Private Eye«, »New Statesman«, »Independent«, »Daily Express« und zeichnet nun die aktuelle Karikatur in der »Financial Times«. S. 146

Les Barton, geboren 1923 in Wareham/Dorset, zeichnete seit 1954 für verschiedene Publikationen, darunter »Punch«, »Private Eye«, »Spectator«, »Daily Mirror«. S. 132

BAS. (Bassilis Mitropoulos) wurde 1936 in Athen geboren; seit 1966 veröffentlicht er dort seine Zeichnungen, seit 1970 in ganz Europa und in den USA. Viele internationale Preise. Lebt in Athen. S. 13, 19, 93, 131

Fritz Behrendt, 1925 in Berlin geboren, lebt als politischer Karikaturist in Amstelveen/Niederlande; zeichnet für »Die Weltwoche«, »Zürich«, »Frankfurter Allgemeine Zeitung«, »Het Parool«, »Amsterdam«, »Aftenposten«, »Los Angeles Times«. S. 15, 75

Steve Bell, geboren 1951 in London, zeichnet politische Karikaturen seit 1977, ab 1981 für den »Guardian«, für »New Statesman« u.a. S. 13

Joep Bertrams, geboren 1946 in Roermond, Niederlande. Studierte Bildende Kunst in Den Haag. Seine politischen Zeichnungen erscheinen täglich in »Het Parool«, in Deutschland öfters in der »Zeit«. S. 18, 69, 113, 114

BRITO, Frankreich, zeichnet für das Satireblatt »Le Canard Enchâiné«. S. 86

Peter Brookes wurde am 28.9.1943 in Liverpool geboren. Übernahm 1982 in der »Times« das Ressort der politischen Karikatur. Bedeutende nationale und internationale Preise. S. 116

Dave Brown, geboren 1957, zeichnete seit 1989 für die »Sunday Times« und wurde 1996 politischer Karikaturist des »Independent«. S. 70, 84, 103

Franco Bruna wurde am 15.12.1935 in Turin geboren, lebt auch heute dort. Er arbeitet u.a. für »Corriere Della Sera« und »La Gazzetta dello Sport« und bekam wichtige nationale Preise. S. 123

Vasco de Castro, Portugal, zeichnet regelmäßig für die Tageszeitung »Público«, Lissabon. S. 65

Richard Cole, geboren 1942 in Wimbledon, für »The Times« (1973 bis 1987), »Daily Express« (1978 bis 1980) und arbeitet seit 1988 für »Daily Telegraph« und die »Sunday Times«. S. 91, 126

Jos Collignon, geboren 1950 in Utrecht, zeichnete seit 1978 für »NRC Handelsblad«. Seit 1981 erscheinen seine Cartoons in »De Volkskrant«. S. 51, 96

Bernard Cookson, geboren 1937 in Manchester, arbeitete von 1969 bis 1976 als politischer Karikaturist bei der »Evening News«; zeichnet für »Spectator«, »Today«, »Sun« und andere Zeitungen. S. 89

Michael Cummings, geboren 1919 in Leeds, arbeitete als politischer Karikaturist für den »Daily Express« (1949 bis 1990) und »Sunday Express« (1958 bis 1990), freiberufliche Tätigkeit für «Punch«, »Daily Mail«, »Paris-Match« und andere Blätter. S. 117

Jacques Faizant, 1918 geboren in Laroquebrou, lebt in Paris, arbeitet als Cartoonist für »France Dimanche«, »Match«, »Samedi Soir« und viele andere Wochenblätter und als politischer Karikaturist für »Le Figaro«, Paris, (seit 1967) und »Le Point« (seit 1974); zahlreiche Buchveröffentlichungen. S. 19

Miquel Ferreres, 1949 in Barcelona geboren, zeichnet u.a. in »El País« und »La Vanguardia«. Der »Premi Ciutat de Barcelona« wurde ihm aufgrund des unabhängigen, unangepaßten und unterhaltsamen Stils seiner Karikaturen verliehen. S. 64

Giorgio Forattini lebt in Rom und zeichnet regelmäßig für die Tageszeitung »La Repubblica« und das Wochenmagazin »Panorama«. S. 108

Noel Ford, geboren 1942 in Nuneaton/Warwickshire, zeichnete für den »Daily Star« von 1979 bis 1992 und seit 1989 für die »Church Times«, daneben für »Punch«, »Private Eye« und »The Golfer«. S. 42

Forges (Antonio Fraguas), wurde am 17.1.1942 in Madrid geboren, verließ mit 15 Jahren aufgrund schlechter Leistungen die Schule. 1964 veröffentlichte er seine erste Zeichnung und arbeitet mittlerweile für Zeitschriften wie »El País«, »Interviú«, »Diario 16« oder »El Jueves«. S. 64, 145

Gallego y Rey, beide 1955 in Madrid geboren, arbeiten als Team (Gallego: Zeichnungen, Rey: Texte) u. a. für »Diario 16« und »Tele 5« (Privatsender). S. 34, 56, 97

Emilio Giannelli, lebt in Turin und zeichnet für das Wochenmagazin »L'Espresso«. S. 81, 109, 121, 144

Theo Gootjes, Niederlande, zeichnet für »Rotterdams Dagblad«. S. 27, 51

Pepsch Gottscheber, 1946 in der Steiermark geboren, lebt seit 1966 in München; zeichnet seit 1974 für die »Süddeutsche Zeitung«, daneben für mehrere Tages- und Wochenzeitungen; zahlreiche Buchveröffentlichungen. S. 8, 28, 79

Constantinos Gregoriades, geboren 1965 in Athen, machte an der Athener Kunst-Anstalt den Abschluß für Innenarchitektur. Seit 1990 arbeitet er regelmäßig für die Tageszeitung »Rizospastis« und das wöchentliche Jugendmagazin »Odigitis«. S. 153

Dietmar Grosse, 1948 in Lobstädt/Sachsen geboren, lebt als Cartoonist in München; neben regelmäßigen Abdrucken in Zeitungen und Zeitschriften auch viele Buchveröffentlichungen. S. 140

Gerhard Haderer, 1951 geboren, lebt und arbeitet in Linz; seit 1996 beliefert er »stern«, »profil«, »Geo«, »Trend«, »Wiener« sowie die »Oberösterreichischen Nachrichten« mit gezeichneten Kommentaren; zahlreiche Buchveröffentlichungen. S. 29

Horst Haitzinger, 1939 in Eferding/Oberösterreich geboren, lebt in München; zeichnete ab 1958 im »Simplicissimus«, zeichnet für »Bunte«, »tz«, und viele Tages- und Wochenzeitungen; zahlreiche Buchveröffentlichungen. S. 16, 38, 43, 71, 79, 98, 101, 152

Walter Hanel, 1930 in Teplitz-Schönau/Sudetenland geboren, lebt als Karikaturist und Maler in Bergisch Gladbach; zeichnete ab 1958 für den »Simplicissimus«, München, später für »pardon«, »Kölner Stadtanzeiger«, »Rheinischer Merkur«, seit 1989 für die »Frankfurter Allgemeine Zeitung«; zahlreiche Buchveröffentlichungen. S. 31, 54, 55, 77, 88, 100, 107, 135

Dieter Hanitzsch, 1933 in Schönlinde/Böhmen geboren, lebt als Karikaturist und Zeichner in München; zeichnete ab 1961 für die »Abendzeitung«, München, von 1980 bis 1992 für die »Quick«, heute für die »Süddeutsche Zeitung«, München, und den »General-Anzeiger«, Bonn; viele Buchveröffentlichungen. S. 20, 25, 40, 47, 95, 99, 107, 111, 127

Riber Hansson, geboren 1939 in Schweden, zeichnet für »Svenska Dagbladet«, Stockholm, und beliefert regelmäßig das »Cartoonists and Writers Syndicate« in New York; zwei Bücher mit politischen Zeichnungen. S. 60, 61, 87, 134

Barbara Henniger, 1938 in Dresden geboren, lebt seit 1967 in Strausberg bei Berlin; ständige Mitarbeiterin des »Eulenspiegel« und verschiedener Tageszeitungen. S. 74, 83

Tony Holland, geboren 1932 in Peterborough/Lincolnshire, zeichnet regelmäßig für »Daily Telegraph«, »Sunday Telegraph«, »Punch«, »Accountancy« und andere Wirtschaftszeitungen. S. 156

Helmut Hütter, geboren 1947 in Salzburg, ist Architekt und zeichnet seit 1972 für die Salzburger Nachrichten; Beiträge für »trend« und andere Publikationen. S. 59, 76

Ironimus (Gustav Peichl), 1928 in Wien geboren, lebt und arbeitet in Wien: als Hochschulprofessor an der Akademie der bildenden Künste und als Karikaturist für die »Süddeutsche Zeitung« und »Die Presse« in Wien; zahlreiche Buchveröffentlichungen. S. 26, 110

Ismael (Ismael Carrillo) lebt in Barcelona und zeichnet für die Tageszeitung »El periódico de Cataluña«. S. 22, 151

Chic Jacob, geboren 1926 in London, arbeitete als Wirtschaftskarikaturist für »Daily Express« (1964 bis 1973) und danach für »Observer« (1973 bis 1992); veröffentlichte Cartoons in »Punch«, »Law Society's Gazette« und anderen Blättern. S. 141

Tom Janssen, geboren 1950 in Breda, zeichnet seit 1975 in »Trouw« und veröffentlicht über die »Netherlands Press Association« zweimal wöchentlich in zehn holländischen Tageszeitungen. S. 113

Carlos Killian, in Argentinien geboren, lebt in Madrid, zeichnet für die Illustrierte »Interviú« u. a. Blätter. S. 22, 115

Adam Korpak, geboren 1936 in Krakau, Polen. Studierte an der Akademie der Schönen Künste in Krakau Industrie-Design und Architektur. Kam 1972 nach Finnland, um als Architekt zu arbeiten, hängte 1977 den Architektenberuf an den Nagel und arbeitet seither als freiberuflicher Karikaturist, hauptsächlich für die größte finnische Tageszeitung »Helsingin Sanomat«. S. 80, 90

Ernst Maria Lang, 1916 in Oberammergau geboren, lebt als Architekt und Karikaturist in München; zeichnet seit 1947 für die »Süddeutsche Zeitung« und das Bayerische Fernsehen; viele Buchveröffentlichungen. S. 78

Erik Liebermann, 1942 in München geboren, lebt als Cartoonist in Oberbayern; zeichnet regelmäßig für die »Süddeutsche Zeitung«, München, »Frankfurter Rundschau« und andere Zeitungen und Zeitschriften; viele Buchveröffentlichungen. S. 41, 82, 150

LUFF (Rolf Henn), 1956 in Idar-Oberstein geboren, lebt heute in Hennweiler im Hunsrück; zeichnet für die »Mainzer Allgemeine« und eine Reihe anderer Tageszeitungen; viele Buchveröffentlichungen. S. 75, 106

LUIS, Luis Afonso, Portugal, zeichnet regelmäßig für die Lissaboner Tageszeitung »Público«. S. 94

MAYK. (Janusz Majewski), geboren 1937 in Ostrów Mazowiecki, Polen; seitdem er nach Schweden übergesiedelt ist, arbeitet er für die »Sydsvenska Dagbladet«, die »Frankfurter Allgemeine Zeitung« und zahlreiche schwedische Zeitungen. S. 17, 49, 85

Frits Muller, geboren 1932, lebt in Amsterdam. Zeichnet für die Tageszeitung »NRC-Handelsblad« und das Wochenmagazin »HP-de Tyd«, entwirft Poster und Buchumschläge und ist Amateur-Jazzmusiker und -sänger. S. 44, 50

Felix Mussil, 1921 in Berlin geboren, lebt seit 1955 in Frankfurt am Main; zeichnet für die »Frankfurter Rundschau« (ab 1956 ständiges Redaktionsmitglied); viele Buchveröffentlichungen. S. 26, 120, 130

Alan de la Nougerede, 1932 in Nowgong, Indien, geboren, lebt seit 1947 in Großbritannien; zeichnete und zeichnet für »Punch«, »Private Eye«, »Daily Express«, »Daily Mirror» und andere Printmedien. S. 82

PANCHO, geboren 1944 in Caracas, Venezuela, zeichnet für die Pariser Tageszeitung »Le Monde«, »Le Canard Enchâiné« u.a. S. 36, 73, 104, 105

Petar Pismestrovic, geboren 1952 in Jugoslawien, zeichnet für die »Kleine Zeitung« in Klagenfurt, veröffentlicht in verschiedenen Zeitungen und Zeitschriften. S. 50, 66

Plantu (Jean Plantureux), geboren 1951 in Paris, arbeitet seit 1972 als politischer Karikaturist für »Le Monde«; viele Buchveröffentlichungen. S. 32, 142, 143

Bryan Reading, geboren 1935 in London, zeichnete für »Daily Mail«, »Sun« und »Guardian«; hauptsächlich in der Filmanimation bei Fernsehproduktionen tätig. S. 148

Ricardo & Nacho zeichnen als Team für die Madrider Tageszeitung »El Mundo« und liefern seit 1988 die wöchentliche Comicserie »Goomer« für die Wochenendbeilage von »El País«. S. 68, 112

Oliver Schopf, geboren 1960 in Kitzbühel, Tirol, zeichnet professionell seit 1980 und seit 1988 für die Tageszeitung »Standard«. S. 33, 63

Bas van der Schot, geboren 1970 in Rozenburg/Niederlande, zeichnet seit 1996 für die holländische Zeitung »Algemeen Dagblad« und seit 1997 für die belgische Tageszeitung »De Standaard« S. 67

Peter Schrank, geboren 1952 in der Schweiz, lebt seit 1981 in London; zeichnet regelmäßig für »Independent«, »Sunday Business Post«, »Basler Zeitung«. S. 102, 128, 129

Reiner Schwalme, 1937 in Liegnitz geboren, lebt als Grafiker, Illustrator und Karikaturist in Berlin; ständiger Mitarbeiter beim »Eulenspiegel«, bei »Metall« und verschiedenen Tageszeitungen und Zeitschriften. S. 3, 39, 137

Serdu (Serge Duhayon), geboren 1940 in La Glanerie, Belgien, zeichnet für französische und belgische Zeitungen wie »Le VIF«, »L'Express«, »La Dernière Heure«, »Cash«, »Plus«. S. 24

David Simonds, geboren 1961 in Pinner, arbeitete zuerst als Kinderbuchillustrator; zeichnet regelmäßig für »Economist«, »Guardian« und »New Statesman«. S. 118, 122, 136, 138

STATHIS (Stathis Stavropoulos), geboren 1955 in Pyrgos (Peloponnes), studierte politische Wissenschaften und Filmkunst. Arbeitet als Karikaturist seit 1981. Für die größte griechische Tageszeitung »Ta Nea« zeichnet er nicht nur, sondern schreibt eine tägliche politische Kolumne mit dem Titel »Submarine«. Veröffentlichte 17 Karikaturenbücher und erhielt den Ersten Preis der »Balkan Cartoon-Ausstellung« 1993. S. 48

Martyn Turner, geboren 1948 in Wanstead/Essex, zeichnet seit 1976 für »The Irish Times« und den Cartoon für das englische Wochenblatt »The Express on Sunday«; zahlreiche Buchveröffentlichungen. S. 33, 129

Jean Veenenbos, geboren 1932 auf Java, arbeitete lange Jahre als Bühnenbildner in Wien; zeichnet für den »Standard«, Wien, und andere Tageszeitungen in Europa. S. 37, 46, 63, 70, 92, 155

Stefan Verwey, geboren 1946 in den Niederlanden, zeichnet für »De Volkskrant«, »De Gelderlander«, den belgischen »De Standaard«, den »Tagesspiegel», Berlin, und den »Spectator«, London; zahlreiche Buchveröffentlichungen. S. 62

Nico Visscher, geboren 1933 in Groningen, liefert seit 1961 Karikaturen für Tages- und Wochenblätter in den Niederlanden. Größte Auszeichnung: »Grand Prix« des »Salon International de la Caricature« in Montreal 1984. S. 7, 21, 54

Alex Noel Watson, geboren in Schottland, veröffentlichte Karikaturen in »Sunday Times«, »Financial Weekly«, »Punch«, »Private Eye«, »The New Yorker« und anderen Zeitschriften. S. 30, 74

Tom Wikborg, geboren 1938 in Dänemark, zeichnet seit 1968 für die »Berlingske Tidende«, Kopenhagen. S. 45

Arnold Wiles, geboren 1926 in Southampton, begann 1943 beim »Punch«; zeichnete für »Daily Mirror«, »People«, »Sun«, »Private Eye« und andere Zeitschriften. S. 72, 89

Kipper Williams, geboren 1951 in Wirral/Cheshire, ist seit Mitte der siebziger Jahre Karikaturist, tätig für »New Statesman«, »Private Eye«, »Punch«, »Spectator«, »Sunday Times«, »Guardian« und »The European«. S. 80, 150

Richard Willson, geboren 1939 in London, zeichnete von 1968 bis 1971 für den »Observer« und arbeitet seit 1971 für »The Times«; daneben Karikaturen für »Spectator«, »New Statesman«, »New Scientist«, »Euromoney«, »Investors Chronicle« und andere Blätter. S. 119

Dieter Zehentmayr, geboren 1941 in Salzburg, ursprünglicher Beruf: Fotograf. Karikaturist seit 1972 (»Vorarlberger Nachrichten«, »Kleine Zeitung«, »Kurier«). Seit Anfang 1997 täglich für die »Berliner Zeitung». Dr.-Karl-Renner-Preis 1984. Lebt in Berlin. S. 149, 154

-zel (Hans-Joachim Stenzel), lebt in Berlin und zeichnet regelmäßig für die »Berliner Morgenpost«. S. 28

Der Verlag bedankt sich im Namen des Herausgebers und der vertretenen Zeichner bei der Kreissparkasse München für die Unterstützung und Förderung des Buches und der Ausstellung »Eurospott«.